향기교리 시리즈 03

# 다시
# 오직을
# 외치다

The Five Solas

정찬도 지음

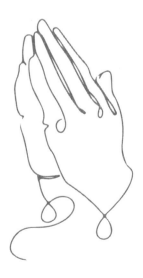

향기
도서출판

향기교리
시리즈 03

The Five Solas
# 다시 오직을 외치다

1쇄 인쇄 2023년 10월 16일
1쇄 발행 2023년 10월 19일

지은이 | 정찬도
펴낸이 | 이은수

편  집 | 이은수
디자인 | 디자인 향기

펴낸곳 | 도서출판 향기
등  록 | 제 325-2020-00007호
주  소 | 부산광역시 중구 대청로 69-12
전  화 | 051-256-4788
팩  스 | 051-256-4688
계  좌 | 농협 3173848319481
이메일 | onearoma@hanmail.net

ISBN 979-11-973080-6-2

향기교리
시리즈 03

# 다시 오직을 외치다

The Five Solas

정찬도 지음

# 저자 서문

필자는 '향기목회아카데미'에서 '다섯 가지 솔라'(The Five Solas)를 강의하였습니다. 이 강의의 목적은 종교개혁의 핵심 교리인 다섯 가지 솔라, 즉 오직 성경(Sola Scriptura), 오직 그리스도(Solus Christus), 오직 믿음(Sola Fide), 오직 은혜(Sola Gratia), 그리고 오직 하나님께 영광(Soli Deo Gloria)을 역사적이고 신학적 맥락에서 소개하는 것이었습니다.

왜 다섯 가지 솔라일까요? 다섯 가지 솔라는 복음의 본질이기 때문입니다. 이것은 단순히 16세기 종교개혁 당시의 역사적 가르침에 그치지 않습니다. 종교개혁의 후예인 오늘날의 그리스도인들의 정체성을 형성할 뿐 아니라 교회의 신학적 바탕을 형성합니다. 종교개혁의 핵심 교리인 다섯 가지 솔라의 교훈을 기억하고 적용하는 것은 참으로 중요하고 가치 있는 일입니다. 그렇기에 우리는 16세기의 역사적 교훈이 아니라 오늘의 교훈으로 받아들여야 합니다.

하지만 적지 않은 사람들이 '다섯 가지 솔라가 과연 가치가 있어?' 하며 의문을 표합니다. 적지 않은 교회들이 종교개혁과 다섯 가지 솔라의 가치를 되새기는 것에 관심이 없습니다. 그렇게 우리는 종교개혁의 역사적 가치와 가르침을 잊어버렸고, 우리가 마땅히 있어야 할 곳에서 벗어나 있습니다. 중세 교회의 과오가 낳은 비참한 결과를 우리가 속도감 있게 답습하는 듯합니다. 만약 지금의 교회가 잘못된 길을 가고 있다고 판단될 때 우리는 올바른 길을 찾고자 노력해야 합니다. 우리는 그 힌트를 종교개혁자들에게서 찾을 수 있습니다. 종교개혁자들이 중세 로마가톨릭교회가 잘못된 길을 가고 있을 때 돌이키고자 했고 되돌아가고자 했던 올바른 길에서 방향성을 찾을 수 있습니다. 바로 다섯 가지 솔라입니다. 우리는 종교개혁의 다섯 가지 솔라로 돌아가야 합니다. 중세 교회가 길을 잃었을 때, 다섯 가지 솔라는 교회를 회복하는데 기초가 되었고 출발점이 되었습니다.

이 책은 종교개혁의 위대한 신앙 유산으로써의 다섯 가지 솔라를 간략하게 소개하고 있습니다. 이 책은 16세기의 '그때'에 머물지 않고 21세기인 '여기'도 관심을 가집니다. 다섯 가지 솔라가 지금 우리에게 주는 가치에 주목하고 있습니다. 종교개혁자들의 외침은 중세 천년 동안의 비틀어진 교회를 다시 되돌렸던 것처럼, 우리의 작은 외침은 우리가 속한 교회로 하여금 개혁된 교회로 더 가까이 나아가게 할 것입니다.

부족한 사람에게 강의와 책 출판의 기회를 주신 향기 목회아카데미와 도서출판 향기의 이은수 목사님께 감사를 드립니다. 다섯 가지 솔라를 함께 외칠 수 있음에 큰 힘이 됩니다. 필자는 이 책을 통해 다섯 가지 솔라가 다시 외쳐지길 기대합니다. 다섯 가지 솔라가 우리의 신앙 중심에 자리 잡길 기도합니다. 이 책이 조금이나마 교회에 유익이 되길 소망합니다.

2023년 9월 9일
**정찬도 목사** 주나움교회

# 추천사

송영목 교수
고신대 신학과

신앙고백은 개혁교회의 강점이자 표지입니다. 그리고 신앙고백에 충실한 성도는 쉽게 흔들리지 않습니다. 하지만 '다섯 가지 오직'을 비롯하여 성경적 교리가 설교단에서 선포되지 않는 현실은 아쉽습니다. 개혁주의 이론과 실천을 겸비한 저자 정찬도 목사의 신간이 출간되어 독자를 찾아갑니다.

저자는 '다섯 가지 오직'을 해설하면서 성경과 역사적 개혁주의 신앙고백서들의 조화와 균형을 추구합니다. 그리고 본서는 목회자에게 실천적 도움을 제공하기 위해 설교 작성에 도움을 줍니다. 독자들은 저자의 수고 덕분에 자세하고 정확한 역사적이며 교리적 정보를 편안하고 쉽게 만날 수 있습니다.

약 400년 전 선배들의 신앙고백을 현대에 되살린 본서가 성경과 교리를 익히는데, 큰 유익을 제공할 줄 믿어 독자에게 일독을 권합니다.

# 추천사

이현철 교수
고신대 기독교교육과

거룩한 보편교회가 역사적으로 받아들인 정통적 교리를 통해서 신 앙생활을 영위해나가는 것은 참으로 큰 은혜입니다. 하지만 안타깝 게도 지금 우리는 역사적 정통교리와 신앙의 본질이 실종된 시대를 살아가고 있기에 '무엇이 옳고, 무엇이 그른가'에 대한 명확한 답을 찾지 못하는 답답한 삶과 시대에 직면하고 있습니다.

깊이 있는 신학적 통찰력과 목양의 시선을 겸비하고 있는 정찬도 목사의 『다시 오직을 외치다』는 무엇이 옳고, 무엇이 그른가에 대한 답답함을 안고 있는 이들에게 해갈(解渴)의 기쁨을 선사해줄 것을 확 신합니다. 항상 가까이 있어 오히려 제대로 알지 못했던 종교개혁의 핵심 교리인 다섯 가지 솔라(The Five Solas)의 신학과 교리, 역사와 의 미, 그리고 목회자들을 위한 실제적인 설교문까지 교육학적으로도 체계적인 내용을 구성하고 있는 정찬도 목사의 『다시 오직을 외치 다』는 신학적으로 바르고 신뢰할 만한 다섯 가지 솔라에 관한 달작 (達作)입니다.

기독교의 정수를 느끼고 가르치고자 하는 모든 이들에게 이 책을 자신 있게 추천합니다. 더불어 『다시 오직을 외치다』의 울림을 통해 종교개혁자들이 외쳤던 바른 가치들이 다시 이 땅에 외쳐지길 소망 합니다.

# 추천사

배아론 교수
고신대학교 신학과

　개혁신학을 명료하게 표현할 수 있는 방법 중 한 가지는 '다섯 가지 오직'(The Five Solas)이다. 하지만 목회 현장에서 '다섯 가지 오직'을 심도 있게 다루는 모습은 찾아보기 힘들다. 많은 이유 중에 우선 포스트모던 시대에 사는 대중들의 시선으로 볼 때 '오직'이라는 단어 자체가 낯설고 거부 반응을 일으킬만한 요소이다. 또한 성도들에게 교리는 딱딱한 것이라는 선입관이 강하게 자리 잡고 있을 것이다. 이러한 이유로 많은 목회자는 교리의 중요성은 인지하지만, 교리를 강조하는 것에 소극적이다.

　이런 맥락 가운데 정찬도 목사의 『다시 오직을 외치다』는 주요 한두 가지의 특징을 지니고 있다. 첫째, 내실 있는 콘텐츠이다. 개혁신학의 핵심 교리를 '다섯 가지 오직'이라는 주제로 부족함 없이 담아내었다. 교의학 전공자로서 '다섯 가지 오직'이 가지고 있는 교리적 역사, 특징 그리고 신학적인 의미를 빠짐없이 다루었다. 둘째, 실천적인 적용 부분의 강조다. 보통 교리를 다루는 책들은 이론으로 시작해 이론으로 마무리되지만, 정찬도 목사는 적용 부분에서 설교 형식으로 '다섯 가지 오직'을 입체적으로 다루었다.

　교의학 전공자이자 청소년, 청년, 장년 등 다양한 연령층들 대상으로 활동하는 강사로 어려운 교리를 다양한 대중들의 눈높이에 맞게 전달 해온 정찬도 목사의 역량이 『다시 오직을 외치다』에 반영되어 있다. 이 책으로 이 땅 가운데 바른 신앙이 정착되길 소망한다.

# 편집인의 글

이은수 목사
도서출판 향기, 향기목회아카데미

이 시대는 다원주의와 포스트모더니즘을 통과하여 상대성을 강조하고, 절대성보다는 보편성을 주장하며 양성을 지지하는 편입니다. 흑백의 분명한 논리보다는 회색(灰色)으로 사는 것을 지혜로 여깁니다.

‘오직’을 강조하는 것을 불편한 것으로 여기는 시대에 ‘오직’을 강조한 것이 종교개혁입니다. ‘오직’은 변할 수 없는 것으로, 시대에 따라 변하면 진리일 수 없고 절대적 가치가 아닙니다.

향기 목회아카데미에서 연속으로 ‘The Five Solas’를 강의한 정찬도 목사님의 강의안을 묶어 2023년 종교개혁 기념일에 얼굴을 내밉니다. 많은 이들이 제2의 종교개혁이 필요한 때라고들 말하듯이 저자는 이때가 ‘다시 오직’을 외쳐야 할 때라고 합니다. 그 기준은 역시 ‘The Five Solas’일 것입니다. 종교개혁과 ‘다섯 오직’이 유물처럼 되지 않도록 청년들과 성도들의 손에 들려지기를 바랍니다.

이 책의 특징은 ‘다섯 오직’의 풍성한 배경 설명과 중요성을 잘 강조해 줍니다. 혼자 읽으며 학습하기에도 좋고, 그룹으로 읽고 생각을 나누기에도 좋습니다. 목회자가 읽어도 모자람이 없고, 성도들이 읽어도 부담스럽지 않은 것이 이 책의 장점입니다.

말미에는 ‘다섯 오직’으로 작성한 설교 예문도 제시하고 있습니다. 교리설교를 하기 원하는 분들에게 큰 도움이 될 것입니다.

# 목 차

# 프롤로그 Prologue

교회가 세워지고 성장하며 그 조직이 크게 확장되었지만, 정작 그 안에서 신학이 실종되었다는 말이 있습니다. 교회론이 없는 교회가 많아지고 있다는 비판입니다. 일례로 믿음의 대상과 예배의 대상은 하나님이라 말하면서도, 실제 교회의 초점이 하나님에서 인간 자신에게로 옮겨진 모습을 보이기 때문입니다.

우리는 실용주의와 성공주의에 길들어진 교회를 신앙고백의 기초로 되돌려야 합니다. 우리에게는 신학이 있고, 교회는 신학적이어야 하고, 목회는 신학적이어야 한다는 가르침이 실현되도록 힘써야 합니다. 그러한 관점에서 종교개혁의 핵심 신앙인 '다섯 가지 솔라'(The Five Solas)의 의미를 되새겨 보는 것은 의미가 있습니다.

종교개혁 당시 독일의 종교개혁자 마틴 루터(Martin Luther, 1483-1546)가 외쳤던 '오직 성경', '오직 은혜', '오직 믿음'은 매우 빠른 속도로 유럽 전역으로 퍼져나갔습니다. 여기에 스위스의 종교개혁자 존 칼빈(John Calvin, 1509-1564)이 '오직 그리스도', '오직 하나님께 영광'를 더하면서 마침내 '종교개혁의 5대 강령'이 완성되었고, 이 '다섯 가지 솔라'(The Five Solas)는 종교개혁이 남긴 핵심 신앙 유산이 되었습니다.

종교개혁 이후 개혁된 교회들은 그들 신앙의 중심부에 놓여 있었던 교회의 전통을 제거하고 그 자리를 오직 성경으로 대체했습니다. 성경으로 시작하여 전통에서 답을 찾던 습관을 버려버리고, 오직 성경에 근거하여 오직 성경만으로 교회의 신앙과 실천에 답을 찾았습니다. 그 것의 핵심 가르침이 바로 다섯 가지 솔라입니다(오직 성경 *Sola Scriptura*, 오 직 그리스도 *Solus Christus*, 오직 믿음 *Sola Fide*, 오직 은혜 *Sola Gratia*, 그리고 오직 하 나님께 영광 *Soli Deo Gloria*).

오직 성경은 종교개혁의 형식적 원리이자 모든 신학의 기초였고, 오 직 하나님께 영광은 모든 종교개혁 신학의 최종적 목적이 되었습니다. 그리고 이 둘 사이에서 다른 세 '오직'은 오직 그리스도를 향한 오직 믿 음으로 구원함을 얻게 되며, 그 믿음조차도 오직 은혜임을 증거하고 있습니다.

### 오직 성경

"인간은 아무리 거룩한 인간의 저작물이라도 신적인 말씀과 동등 할 수 없습니다. … 왜냐하면 모든 사람이 스스로 '거짓말쟁이'이고(시 116:11), 허무함 자체보다 더 허무하기 때문입니다. 따라서 우리는 이 불 변의 원리와 일치하지 않는 모든 것을 전적으로 거부해야 합니다." _ 『네덜란드 신앙고백』 제7조

"그러나 너는 배우고 확신한 일에 거하라 너는 네가 누구에게서 배 운 것을 알며 또 어려서부터 성경을 알았나니 성경은 능히 너로 하여 금 그리스도 예수 안에 있는 믿음으로 말미암아 구원에 이르는 지혜 가 있게 하느니라 모든 성경은 하나님의 감동으로 된 것으로 교훈과 책망과 바르게 함과 의로 교육하기에 유익하니 이는 하나님의 사람으 로 온전하게 하며 모든 선한 일을 행할 능력을 갖추게 하려 함이라" _ 디모데후서 3:14-17

## 오직 그리스도

"그렇다면 성인들이나, 자기 자신에게서나 혹은 다른 곳에서 그들의 구원과 복을 찾는 사람들도 유일한 구주 예수님을 믿는 것입니까? 아닙니다. 비록 그들이 말로는 자랑하더라도 그 행위로 유일한 구주이신 예수님을 부인하는 것입니다. 왜냐하면 둘 중 하나이기 때문입니다: 예수님께서 완전한 구주가 아니라 생각하거나, 혹은 이 구주를 참된 믿음으로 영접하여 그들의 구원에 필요한 모든 것들을 구주 안에서 소유하거나 입니다." _『하이델베르크 요리문답』 제30문답

"하나님은 한 분이시요 또 하나님과 사람 사이에 중보자도 한 분이시니 곧 사람이신 그리스도 예수라 그가 모든 사람을 위하여 자기를 대속물로 주셨으니 기약이 이르러 주신 증거니라" _ 디모데전서 2:5-6

## 오직 믿음

"그리스도와 그분의 의를 받아 의지하게 하는 믿음은 칭의의 유일한 도구이다." "이 믿음은 많은 이들 가운데서 우리 믿음의 주요 온전케 하시는 주 그리스도를 통하여 충만한 확실성을 얻을 때까지 자라간다." _『웨스트민스터 신앙고백』 11.2; 14:3

"무릇 율법 행위에 속한 자들은 저주 아래에 있나니 기록된 바 누구든지 율법 책에 기록된 대로 모든 일을 항상 행하지 아니하는 자는 저주 아래에 있는 자라 하였음이라 또 하나님 앞에서 아무도 율법으로 말미암아 의롭게 되지 못할 것이 분명하니 이는 의인은 믿음으로 살리라 하였음이라" _ 갈라디아서 3:10-11

## 오직 은혜

"다른 모든 죄와 마찬가지로 이 불신앙의 원인과 그 죄는 하나님에게 있는 것이 아니라 인간 그 자신에게 있다. 반면에 예수 그리스도 안에 있는 믿음과 그를 통한 구원은 하나님의 값없는 은사로서, 다음의 말씀과 같다. "너희가 그 은혜를 인하여 믿음으로 말미암아 구원을 얻었나니 이것이 너희에게서 난 것이 아니요 하나님의 선물이라"(엡 2:8). "그리스도를 위하여 너희에게 은혜를 주신 것은 다만 그를 믿을 뿐 아니라"(빌 1:29)." _『도르트신경』 I.5.

"찬송하리로다 하나님 곧 우리 주 예수 그리스도의 아버지께서 그리스도 안에서 하늘에 속한 모든 신령한 복을 우리에게 주시되 곧 창세 전에 그리스도 안에서 우리를 택하사 우리로 사랑 안에서 그 앞에 거룩하고 흠이 없게 하시려고 그 기쁘신 뜻대로 우리를 예정하사 예수 그리스도로 말미암아 자기의 아들들이 되게 하셨으니 이는 그가 사랑하시는 자 안에서 우리에게 거저 주시는바 그의 은혜의 영광을 찬송하게 하려는 것이라 우리는 그리스도 안에서 그의 은혜의 풍성함을 따라 그의 피로 말미암아 속량 곧 죄 사함을 받았느니라" _ 에베소서 1:3-7

## 오직 하나님께 영광

"사람의 첫째 되고 가장 고귀한 목적은 무엇입니까? 사람의 첫째 되고 가장 고귀한 목적은 하나님을 영화롭게 하고, 그분을 영원토록 온전히 즐거워하는 것입니다." _『웨스트민스터 대요리문답』 제1문답.

"이는 만물이 주에게서 나오고 주로 말미암고 주에게로 돌아감이라 그에게 영광이 세세에 있을지어다 아멘" _ 로마서 11:36

만약 우리의 신앙과 생활의 권위로써 오직 성경이 부인된다면, 우리는 하나님을 객관적이고 참되게 알 수 있는 방법을 상실케 될 것입니다. 타락된 인간과 세상을 통해 하나님의 영원한 구원에 이르는 지식과 믿음을 얻는다는 것은 불가능하기 때문입니다. 타락된 본성 가운데 발현되는 우리의 이성과 경험의 힘은 결코 하나님의 직접적인 계시의 말씀보다 탁월하지도 완전하지도 않음을 인정해야 할 것입니다. 그리고 그 성경은 오직 그리스도에 관한 이야기들로 가득 차 있습니다. 왜 우리의 구원을 위해 중보자가 오셔야 했는지, 그가 어떻게 오셨는지, 그가 어떻게 우리의 구원을 성취하셨는지, 그리고 우리는 실제 어떻게 구원을 얻게 되는지에 관한 내용이 바로 성경이 담고 있는 내용입니다. 그 중심에 오직 그리스도가 있습니다. 그리고 오직 믿음과 오직 은혜가 동행합니다. 영원하신 하나님과 함께 할 수 있는 유일한 길은 참 하나님이시오, 참사람이신 우리의 유일한 중보자 예수 그리스도를 믿는 것 외에는 없습니다. 그 구원 계획과 우리의 믿음은 창세 전부터 시작된 하나님의 영원한 계획과 그의 주권적 은혜의 결과입니다. 삼위 하나님의 작정, 구속, 그리고 적용과 보증을 통해 우리는 오직 모든 영광이 하나님께만 있음을 고백하지 않을 수 없게 됩니다.

　이 모든 고백에 우리는 '아멘, 아멘'으로 화답하여야 할 것입니다. 물이 바다를 덮음같이 여호와의 영광을 인정하는 것이 세상에 가득할 그날까지(합 2:14) 우리는 다섯 가지 솔라를 끝까지 붙들고 외쳐야 할 것입니다.

# The Five Solas 1 _ Sola Scriptura

## 『오직 성경을 외치다』

### 서론

1517년 10월 31일 독일의 비텐베르크 교회 문에 붙여진 "95개조 반박문"은 이후 교회 역사를 바꾸었습니다. 루터는 당시의 학문적 관행에 따라 그의 입장을 내건 것이었지만, 이 용감한 행동은 교회개혁의 불씨가 되었습니다. 면죄부의 효용성에 대한 루터의 순수한 의도가 교회의 개혁으로 이어졌던 것입니다.

그러나 종교개혁 시대를 지나, 후대로 오면서 로마가톨릭교회에 대항한 권위의 문제가 개신교 내에서의 권위의 문제로 옮겨가게 됩니다. 로마가톨릭교회에 대항한 권위 문제는 무오한 성경의 권위를 인정하면서도 성경의 유일성에 대한 논쟁이 핵심이었다면, 개신교 내에서의 권위 문제는 성경의 무오성 자체에 대한 논쟁이 핵심이었습니다. 이는 자연스럽게 오직 성경이 우리 신앙에 절대적인 권위를 가질 뿐 아니라 성경만으로 충분하다는 확신을 뒤흔들고 있습니다. 이 두 확신이 없는 복음 전도와 교회 건설은 상상할 수 없습니다. 오직 성경은 종교개혁 당시뿐 아니라 오늘날의 교회에도 동일하게 중요합니다. 이는 권위의 문제이기 때문입니다. 우리는 어떤 권위에 근거해서 복음과 교회를 수호해야 하느냐의 문제는 과거에 던져졌던 질문이 아니라 지금 우리에

게 주어지는 질문이어야 합니다. 이제부터 '오직 성경'의 의미를 보다
구체적으로 살펴보도록 하겠습니다.


## 1. 오직 성경은 '유일성'을 말한다

### 1) 원천 문제

종교개혁은 루터가 "면죄부의 능력과 효용성에 관한 토론"(소위 "95
개조 반박문")을 비텐베르크 교회 정문에 내 건 사건으로 시작되었습니
다. 루터는 서문에 이 토론을 위한 반박문을 붙인 이유를 분명히 밝
히고 있습니다.[1] 95개 조항으로 이루어진 내용의 핵심은 바로 면죄
부 판매를 명한 교황은 사죄권이 없다는 것입니다. 루터가 로마가톨
릭교회를 향해 요구한 이 토론은 자신이 속한 교회를 개혁하고자 하
는 순수한 의도였습니다. 그 순수한 의도는 교황의 명령과 교회의 결
정이 아니라 오직 성경에 근거한 것이었습니다.[2] 오직 성경을 통해 볼
때 오직 하나님 외에는 사죄권이 없다는 것입니다.

루터는 1521년 보름스(Worms) 제국회의에 소환되어 신성로마제국
황제인 카를 5세(Karl V, 1500-1558)로부터 자신의 모든 주장을 철회하

---

1) 루터는 서문에 이 토론을 위한 반박문을 붙인 이유를 분명히 밝히고 있습니다.
"진리에 대한 사랑과 이를 해명하려는 열정을 근거로 비텐베르크의 신부이며, 인문
학부 및 신학부 교수 겸 비텐베르크 대학 정교수인 마르틴 루터는 다음과 같은 명제
에 논쟁하고자 한다."
2) Heiko A. Oberman, *The Dawn of the Reformation* (Michigan: Eerdmans,
1992), 41. 루터가 95개조 반박문을 게시할 당시는 면죄부 판매의 부당성과 교황의
사죄권 문제를 지적하는 것이었지만, 성경의 권위의 우월성을 직접적으로 주장하지
는 않았습니다.

라는 협박을 받았습니다. 바로 그때 두려움에 사로잡힌 루터의 대답은 '오직 성경' 신앙이었습니다. "내 양심은 하나님의 말씀에 사로잡혀 있습니다."[3] 이때의 오직 성경은 신앙에 있어서 '권위' 문제에 대한 루터의 대답이었습니다. 그의 양심은 하나님의 말씀에 사로잡혀 있지, 교황이나 공의회의 권위에 굴복할 수가 없다는 말입니다. 루터는 '오직 성경'만이 신적 계시의 절대적 권위를 갖는 기록된 원천이며, 성경은 교황과 공의회보다 훨씬 높을 뿐 아니라 오류가 없기에, 오류 많은 교황과 공의회를 지적하면서 성경을 신앙의 최종적 권위로 여겼던 것입니다.

그렇다면 종교개혁 당시 계시의 원천은 무엇으로 여겨졌을까요? 로마가톨릭교회나 개신교나 양자 모두 '자연'과 '성경'을 통해 하나님께서 계시하심을 인정하였습니다. 하지만 차이점도 있습니다. 로마가톨릭교회는 트렌트 공의회(Concilium Tridentinum, 1545-1563)[4]에서 하나님의 진리는 성경과 더불어 전통에 있다 주장한다면, 루터와 종교개혁자들은 오직 성경만을 외쳤습니다. 그렇기에 이 가르침은 단순히 놀라운 가르침이 아니라 폭탄과 같은 것이었습니다.

---

3) "내가 성경의 증언이나 분명한 이유에 의해 확신하지 않는 한(교황이나 공의회는 종종 오류를 범하고 서로 모순된다는 것이 잘 알려져 있기 때문에 나는 교황이나 공의회만을 신뢰하지 않기 때문입니다) 나는 성경에 구속됩니다. 나의 양심은 하나님의 말씀에 사로잡혔습니다. 양심에 어긋나는 것은 안전하지도 않고 옳지도 않기 때문에 나는 어떤 것도 철회할 수 없고, 철회하지도 않을 것입니다. 저는 달리 할 수 없습니다. 제가 여기 서 있습니다. 하나님께서 저를 도우시기를 바랍니다. 아멘."
4) 트렌트 공의회 초안에는 하나님의 진리는 부분적으로는 성경에 부분적으로는 전통에 담겨 있음을 주장하였습니다. 하지만, 성경의 충족성을 훼손한다는 내부적 반대에 의해 '부분적으로'라는 단어는 삭제된 체, '하나님의 진리는 성경과 전통에 담겨 있다'가 최종안이 되었습니다.

트렌트 공의회가 명확하게 '두 개의 원천'을 주장한 이래로 로마가톨릭교회는 지금까지 계시의 두 개의 원천을 고수하고 있습니다. 교회의 전통에서 발견되고 고수되는 진리는 성경의 진리만큼이나 성경의 진리와 동일한 권위로 신자들의 양심 위에 구속력을 갖는다는 것이 그들의 입장입니다. 하지만 실상은 성경의 권위는 교회에 의해 인정됩니다. 즉 로마가톨릭교회는 하나님의 말씀에 대한 권위를 교회 자체에 부여하여, 하나님께서 교황과 고위 성직자를 통해 말씀하시고, 교회는 하나님의 계시 통로가 되며, 그 결과 성경은 교회를 통해 권위가 인정된다는 것입니다. 교황과 공의회는 회의 할 때 성경은 참조 대상에 불과할 뿐 성경에 근거해서 결론을 짓지 않았습니다. 이로 인해 성경 외에도 광범위한 교회 전통이 발전했으며 신자들도 여기에 묶여 있었습니다.[5] 이에 칼빈은 "가장 유해한 오류가 현재 널리 유행하고 있다"며 비판하였습니다.[6]

루터가 외친 '오직 성경'은 완전히 새로운 주장이 아니라, 인위적인 권위와 전통을 배격한 것이었고, 로마가톨릭교회로만 향한 것은 아니라 동시에 재세례파에게도 향했습니다. 재세례파들은 성경의 권위로부터 자유로워지기를 원했기 때문입니다. 그들에 따르면, 성경은 종이 한 장에 불과하기에, 그 문자와는 반대로 믿음을 통해 자양분과 생명을 얻게 되고, 우리에게 직접 말씀하시는 성령님께 귀를 기울여야 한다고 주장했습니다. 칼빈은 재세례파들이 기록된 성경 말씀

---

5) Oberman, *The Dawn of the Reformation*, 49. 중세교회는 그레고리 1세 이후 신학적 전통이 부가되었고, 교황의 권위가 우월한 위치로 올려졌으며, 이에 스콜라 신학적 전통까지 더해지면서 성경의 권위가 점점 위협을 받았습니다.
6) *Inst.* I.7.1.

을 유치하고 천박한 죽은 문자에 지나지 않는다고 곡해하는 데 머물지 아니하고 성경 밖으로 나가고자 한다고 지적하며, 그들을 피하고 하나님의 말씀을 붙들자 하였습니다.[7] 즉 그들은 기록된 계시가 아니라 사적 계시를 더 권위 있게 여겼기에, 성경의 저자이신 성령님께 모든 권위를 부여하였지만, 실상은 그의 기록된 말씀을 부정하는 결과를 낳았습니다.

우리도 교회의 전통으로 받아들이는 신조와 신앙고백이 성경에 위배 되지 않은 한 그것을 그대로 받아들입니다. 하지만 로마가톨릭교회와의 차이는 무엇일까요? 그것은 바로 '개혁된 교회는 항상 개혁되어야 한다'라는 구호에서 잘 알 수 있습니다. 여기서 '항상 개혁함'의 원리가 우리에게 주는 가르침은 무엇일까요? 첫째, 아무리 권위 있는 신조 혹은 신앙고백이라 하더라도 성경에 충실하지 않으면, 그리고 그 내용이 성경의 주요 진리를 제대로 전달하지 못하면, 거부하고 개혁할 수 있다는 것입니다. 둘째, 노회와 총회의 결정 역시도 성경과 배치되고 성경의 원리와 어긋난다면, 나의 양심이 이를 거부할 수 있다는 것입니다. 이런 관점에서 칼빈은 성경에서 파생된 인간 제도만을 하나님의 권위에 기초한 제도로 승인하였습니다. 셋째, 오직 성경만이 우리의 양심을 절대적으로 구속하는 하나님의 권위를 갖는 유일한 기록된 원천임을 말합니다.

그렇다면 '오직 성경'이라는 이 원칙이 교회 공동체 내 다른 권위들을 완전히 제거하는 것입니까? 그렇지도 않습니다. '오직 성경'이 우

---

7) 존 칼빈, 『칼빈의 자유주의 반박론』, 김동현 역 (서울: 솔로몬, 1994), 88-89. 칼빈은 심지어 이들을 향해 '악마', '혐오스러운 신성모독', '철면피' 등의 과격한 용어들을 사용하였습니다.

리에게 전해주는 말은 바로 오직 성경만이 우리의 양심을 절대적으로 구속할 수 있다는 것입니다. 모든 교회 전통과 모든 신조와 신앙고백과 모든 교리와 신학은 성경에 의해 분석되고 해석되어야 한다는 것입니다.

오직 성경은 오직 하나님의 말씀만이 권위를 갖는다는 것을 의미합니다. 그 칼은 종교개혁 시대에 양방향으로 향했습니다. 로마가톨릭교회를 향해서는 교황과 그들의 교회 자체도 하나님 말씀의 권위에 복종해야 한다는 것이었고, 재세례파를 향해서는 오직 성경 외에는 다른 계시가 없다는 것이었습니다. 바로 이러한 측면에서 루터는 성경은 규정하는 규범이지(Norma normans) 규정되는 규범(Norma normata)이 아니다 하였습니다.[8] 결국에는 성경으로 귀결되어야 합니다. 오직 성경에서 종교개혁이 시작되고 마친다 할 수 있습니다.

## 2) 해석 문제

원천의 문제는 자연스럽게 성경을 '누가 어떻게 해석할 것이냐'의 문제로 이어집니다. 종교개혁자들은 그들이 로마가톨릭교회로부터 개혁하고자 할 때, 성경이 무엇이며, 성경의 권위는 무엇인지를 고백하는데에 그치지 아니하고, 성경을 어떻게 해석해야 하는가, 성경을 읽을 권리와 책임은 누구에게 있는가까지 논의하였습니다. 오직 성경

---

8) Cf. Gregory L. Jackson, *Catholic, Lutheran, Protestant: A Doctrinal Comparison of Three Christian Confessions* (Glendale: Martin Chemnitz Press, 2010), 205. 루터파들은 루터의 가르침을 따라 작성한 신앙고백서인 『일치서』(The Book of Concord, 1580)는 규범되는 규범(Norma Normata)이고 성경은 규범하는 규범(Norma Normans)라 구분 지었습니다.

자체가 매우 중요한 주해학적 원칙이라는 것입니다.[9]

오직 성경에 근거한 복음은 '누가 읽을 것인가?' 혹은 '어떻게 읽을 것인가'와 더불어 가장 급진적으로 나타난 현상은 '성경 번역'이었습니다. 헬라어와 히브리어를 모국어로, 라틴어를 모국어로 번역하기 시작하였습니다. 루터는 성경이 벌거벗은 권위가 아니라 언어의 옷을 입고 있기에, 사도들이 읽은 방식대로 성경을 읽고, 복음서를 기록한 방식대로 성경을 읽도록 하고자 했습니다. 그는 그렇게 읽고 가르치기 위해 모국어로의 성경 번역 작업을 한 것입니다.

이제 사람들은 번역된 성경, 즉 자신의 언어로 쉽게 읽을 수 있는 그 성경을 스스로 해석하며 이해할 수 있게 되었습니다. 종교개혁자들이 강조한 원칙은 바로 개인적 해석의 원칙이었습니다. 모든 그리스도인이 스스로 성경을 읽을 권리와 책임이 있듯이, 스스로 해석할 권리도 있다는 것입니다. 그렇다고 해서 종교개혁자들은 인간의 읽기 능력을 절대 신뢰하지 않았습니다. 성경의 명료성을 말하는 것입니다. 즉 성경의 기본적 메시지는 매우 평이하고 명확하게 말하고 있기에 스스로 구원에 대한 지식을 충분히 해석할 수 있다는 것입니다.

로마가톨릭교회에서는 개인적 해석의 원칙을 용인하는 것은 있을

---

9) 오직 성경이 복음주의 성경해석의 주요 원칙입니다. 참고로 '복음주의'라는 용어는 종교개혁 시대 때 생겨났습니다. 이 용어는 이신칭의 교리를 통해 그들의 복음이 회복되고 있다고 해서 만들어졌습니다. 다시 말해, '칭의 논쟁'이 바로 '복음이란 무엇인가'로 연결 지어 논의되었기 때문입니다. 이신칭의에 대한 관점을 성경적 관점으로 받아들이고, 그것을 복음의 가장 핵심에 두었기 때문에, 개신교도들은 스스로를 '복음주의자'라고 부르기 시작했고, 그 이름을 통해 이신칭의를 받아들이는 자로 알리며 구분 지었던 것입니다. 이 이신칭의를 핵심으로 하는 복음주의적 신학이 바로 개혁신학이었으며, 그 오직 성경에 근거한 복음으로 성경을 해석하는 것입니다.

수도 없는 일이었습니다.[10] 로마가톨릭교회는 성경을 모국어로 번역하고 보급하는 일은 죄악의 수문을 여는 것이라고까지 경고하였습니다. 하지만 번역된 성경을 읽기 시작하자 죄악의 수문이 아니라 진리의 수문이 열려 버렸습니다. 사람들이 성경을 읽기 시작하면서 로마가톨릭교회를 향하여 말을 하고 등을 지기 시작했습니다. 바로 그때 루터가 한 말은 가히 명언이 아닐 수 없습니다. "만약 그런 일이 일어난다면, 그리고 죄악의 수문이 성경을 여는 것에 의해 열린다면 마땅히 그렇게 되어야 한다." 이 말은 성경으로 말하게 하고, 성경으로 증명케 하는 것입니다. 그리고 성경으로 들리게 하는 것입니다.

루터는 오직 성경의 원리로 개혁하고자 했습니다. 그의 제자들은 무력으로 개혁하고자 원했지만, 루터는 하나님의 말씀을 설교함으로 개혁해야 한다며 설득했습니다. 오직 말씀만이 참된 개혁을 낳을 수 있고, 말씀만이 인간의 마음을 변화시킬 수 있다 확신했기 때문입니다. 우리가 할 수 있는 것은 언어로 말씀을 전하는 것이고, 그 말씀을 마음에 적용하시는 것은 성령님의 사역이니, 성령님께서 말씀을 마음으로 옮기는 사역을 하게 하는 것이 최전선에 선 개혁자의 자세였습니다.

---

10) 존 위클리프(John Wycliffe, 1320-1384)는 라틴어 불가타 성경을 영어로 번역했다는 이유로 그가 죽은 지 44년 후에 그의 뼈를 태운 후 재를 강에 뿌려졌습니다. 그뿐 아니라 당시는 성경을 소유한다는 것 자체가 엄한 형벌로 금지되었던 시기였습니다.

## 2. 오직 성경은 '무오성'을 말한다

종교개혁 당시 로마가톨릭교회는 성경의 '무오성'을 부정하지 않 았습니다. 성경이 영감 된 하나님의 말씀으로서 그 권위를 인정했습 니다. 그들은 무오성은 인정하고 유일성은 거부하였습니다. 즉 그들 은 교회의 전통을 두 번째 무오한 계시의 원천으로 삼았고, 이것이 성경의 유일성과 충분성을 위협하였습니다. 교회 전통을 무오 수준 으로의 격상은 성경의 충분성과 최종적 권위를 부인하는데 결정적 인 작용을 하였습니다. 하지만 종교개혁 이후에는 성경 그 자체의 무 오성을 거부하면서 권위를 실추시키고자 하였습니다. 이 문제는 자 연스럽게 우리의 주목을 '오직 성경'(sola Scriptura)에서 '전체 성경'(tota Scriptura)으로 이끕니다.

먼저 종교개혁 당시 개혁된 교회들이 받아들인 오직 성경과 전체 성경에서 성경의 범위는 어디까지였을까요? 1517년의 종교개혁 이 후 루터는 정경 문제에 관해서 구약성경은 '얌니야 회의'(Council of Jamnia 90)의 결정대로 외경이 제외된 39권의 히브리어 구약성경을 전승으로 취했습니다.[11] 하지만 루터는 카르타고 공의회(Concilium Carthaginense,397)에서 채택한 신약성경 27권의 정경성에 이의를 제

---

11) 당시 구약성경은 '얌니야 회의'(Council of Jamnia 90) 이후부터 전해진 두 가 지 정경 전승으로 나누어졌습니다. 오직 히브리어 성경만 정경으로 인정하는 히브리 어 구약성경 전승과 외경을 포함시킨 헬라어 구약성경 전승입니다. 초기 기독교회는 '헬라어 구약성경' 전승을 채택하였고, 로마가톨릭교회에 의해 계속해서 유지되어 왔습니다. 로마가톨릭교회는 외경 7권을 더해 46권으로 받아들였습니다. 트렌트공 의회(Trent Council, 1545-1563)에서도 몇 권을 제외하고는 기존의 헬라어 구약 성경을 재확인했고, 이것이 오늘날까지 이르고 있습니다.

거하였습니다.[12] 루터는 4권의 책(히브리서, 야고보서, 유다서, 요한계시록)을 자신의 신약성경 번역에서 맨 끝에 두었습니다.[13] 그러함에도 불구하고, 그는 외경이나 위경은 거부하였습니다.

오직 성경을 붙잡은 루터와 로마가톨릭교회 신학자들과의 논쟁을 보면, 더욱 분명히 드러납니다. 레오 10세에 의해 임명된 도미니크회 신학자 실베스터 프리에리아스(Sylvester Prierias)는 루터를 향해 이단자라 주장하면서 이를 증명하기 위한 그 어떠한 성경 구절도 인용하지 않았습니다.[14] 도미니크회 토마스 카예탄(Thomas Cajetan, 1469-1534) 추기경도 성경은 공의회뿐 아니라 성경 그 자체 위에 있는 교황에 의해 해석되어야 한다고 반복하여 말할 뿐이었습니다.

하지만 루터는 오직 성경을 자신의 주장과 로마가톨릭 반박의 근거로 삼았습니다. 루터는 로마가톨릭교회의 신학자 요한 에크(Johann Maier von Eck, 1486-1543)와의 논쟁에서 교황의 우월성을 지지하는 두 주요 구절인 마태복음 16:18-19과 요한복음 21:15-19을 다루었습니

---

12) 예루살렘의 키릴(315-386)은 신약성경의 강의목록에서 계시록을 제외한 모든 책을 소개하였고, 367년에 와서야 아타나시우스가 지금의 신약성경과 똑같은 목록을 제시하였습니다. 이 신약성경 27권을 393년에 힙포 레기우스에서, 397년에 아프리카의 카르타고에서 각각 정식 채택하였고 어거스틴도 이 정경을 지지하였습니다. 그것이 마침내 제롬의 라틴어 번역(Vulgata)을 통하여 전 서방 교회에 유포, 사용되기에 이르렀습니다.

13) 루터는 1521년 시작된 신약성경 번역이 구약성경 번역까지 완간 된 것은 1534년이었습니다. 이 책들을 자기의 번역에서 신약성경의 맨 끝에 두었습니다. 먼저 그가 완전히 수락한 23권을 열거하고 그 번호를 적어 넣었으며, 다음에 약간 여백을 남겨 놓았습니다. 그리하여 그다음에 오는 책들은 질적으로 낮은 수준의 것임을 나타내려고 한 것으로 보입니다.

14) Heiko A. Oberman, *Luther: Man Between God and the Devil* (New Haven: Yale University Press, 1982), 193; Roland H. Bainton, *Here I Stand: A Life of Martin Luther* (Peabody, MA: Hendrickson, 1950), 73.

다.[15] 루터는 로마가톨릭교회가 해석하는 교회의 반석으로서 베드로에게 왕국의 열쇠를 부여하였고, 그 베드로가 초대 교황의 지위와 권력을 얻었다는 것을 거부하였습니다. 루터는 이 구절 중 어느 것도 교황의 우월성을 지지하지 않는다고 결론지었습니다. 루터는 교황의 무오류성과 교황만이 성경에 대한 정확한 해석을 할 수 있다는 믿음을 거부했습니다. 하나님의 말씀이냐, 교황이냐는 질문이 탁상 위로 올라왔을 때 루터는 성경이 과거에 잘못을 저지른 교황, 교부, 심지어 교회 평의회에 대해서도 권위를 가진다고 주장했습니다. 그런 의미에서 "손에 성경이 있는 자는 교황보다 더 강하다!(A simple man with scripture has more authority than the Pope or a council.)"는 루터의 용기 있는 외침은 지금도 생생하게 다가옵니다.

오직 성경의 유일성과 그 권위를 알 수 있는 대표적인 논쟁은 바로 '연옥'입니다. 에크는 공의회와 마카비하서 12:45에 호소하여 연옥을 옹호했지만, 루터는 외경이 정경이 아니므로 권위가 없다고 반박했습니다. 에크는 보름스 공의회에서 교황의 권위에 근거해서 루터와 같은 한 개인이 교회의 전통과 공의회의 결정에 의문을 제기할 수 없다고 정죄했습니다.[16] 루터는 교황이 성경 위에 있다는 사실 자체를 부인하였습니다. 루터는 하나님의 감동으로 된 성경은 오류가 없으며, 교황과 공의회도 오류를 범할 수 있음을 인정해야 하며 오직 성경만이 최종 권위라 하였습니다.[17] 루터는 성경의 최고 권위에만 주

---

15) Martin Brecht, *Martin Luther: His Road to Reformation, 1484-1521* (Philadelphia: Fortress, 1985), 243.
16) Brecht, *Martin Luther: His Road to Reformation, 1484-1521*, 460.
17) Bainton, *Here I Stand: A Life of Martin Luther*, 74.

목한 것이 아니라, 오직 성경이 무오성과 직접적으로 연결되어 있음을 인식했습니다. 성경만을 무오한 최고의 권위로 만든 것은 성경이 하나님의 영감을 받았을 뿐만 아니라 성경만이 하나님의 감동으로 된 결과로 오류를 범할 수 없기 때문입니다.

16세기 이후로 계몽주의, 자유주의, 그리고 보다 최근의 포스트모더니즘과 같은 운동은 다른 목소리를 성경의 수준으로 또는 심지어 성경보다 더 높이며 성경의 영감과 무오성을 버렸습니다. 16세기 로마가톨릭교회도 하지 않았을 일을 19~20세기에 이르러서는 하나님 말씀의 진실성과 신뢰성에 의문이 제기되었습니다. 성경 자체의 특성에 대한 공격은 우리 자신의 영혼 안에 있는 성경과 하나님에 대한 적대감과 적의를 드러냅니다.[18] 성경에 오류가 있는 경우, 성경을 우리의 최고의 최종 권위로 신뢰해야 하는 이유가 불분명해집니다.[19]

그리고 우리가 성경의 완전한 무오성을 제한, 수정 또는 포기한다면, 우리는 성경의 능력에 대해 엄청난 의심과 불확실성을 야기(惹起)하게 됩니다. 우리의 최종의 권위인 모든 성경이 하나님의 말씀이라는 확신의 근거가 흔들리고 있습니다.[20]

'성경은 영감 되었다', '성경은 오류가 없다', '성경은 전적으로 하나님의 말씀이다.'와 같은 주장들에 대해 지금도 논쟁이 일어나고 있지

---

18) J. van Genderen and W. H. Velema, *Concise Reformed Dogmatics* (trans. Gerrit Bilkes; ed. M. van der Maas; Phillipsburg, NJ: P&R, 2008), 73.
19) J. I. Packer, *Beyond the Battle for the Bible* (Westchester, IL: Cornerstone, 1980), 17.
20) Clark H. Pinnock, "Limited Inerrancy: A Critical Approaisal and Constructive Alternative," in *God's Inerrant Word,* ed. John Warwick Montgomery (Minneapolis: Bethany, 1973), 145, 150, 156.

만, 성경의 무오성에 대한 교리는 최근에 생긴 교리와 논쟁이 결코 아닙니다. 이미 초대교회 때부터 성경의 무오성 교리는 고백되어 왔습니다. 초대 교회회사 때 어거스틴이 제롬(Jerome, 347-420)에게 쓴 편지 내용인 "저는 오직 성경만이 무오하다는 것을 붙들라고 배웠습니다"(Letters, 82)라는 글에서 잘 드러납니다. 이미 초대교회 때부터 이 교리논쟁은 존재하여왔습니다. 종교개혁 때 다시 외쳐졌고, 지금까지 선포되고 있습니다. 『벨기에 신앙고백』(1561) 7조는 성경의 완전성과 권위를 인정하며 성경을 교회를 위한 "무오한 규칙"이라고 진술하였습니다. 『웨스트민스터 신앙고백』(1646) I~9조는 "성경해석의 무오한 규칙은 성경 그 자체"라고 진술하였습니다.[21]

## 결론

오늘날 우리는 '오직 성경'을 위협하는 수많은 창(槍)에 둘러싸여 있습니다. 종교개혁 이후 '오직 성경'의 가치가 계몽주의, 자유주의, 그리고 결국 포스트모더니즘의 도래와 함께 악화되어 왔던 것처럼, 우리는 교회 성장과 생존에서 나오는 여러 가지 이유로 또다시 '오직 성경'의 가치를 위협받고 있습니다. 우리는 교회 역사를 통해 '오직 성경'을 향한 신뢰성이 무너지고 거부될 때 오래지 않아 성경이 가지고 있는 최종적 권위와 충분성을 포기됨을 보아왔습니다. 우리는 다시 '오직 성

---

21) 케임브리지 선언(1996)은 다음과 같이 말합니다. "성경만이 교회 생활의 무오한 규칙입니다. ... 무오한 성경이 기록된 신성한 계시의 유일한 출처임을 재확인합니다. 성경만이 양심을 구속할 수 있습니다."

경'을 붙잡아야 합니다. 그리고 성령님께서 다시금 귀에 울린 그 말씀이 마음에 울리게 하는 사역을 기대해야 합니다. 루터는 이렇게 말했습니다. "나는 한 것이 없습니다. 하나님의 말씀이 다 하셨습니다." 그가 붙든 '오직 성경'의 깃발이 오늘날의 교회에 밑바탕이 되었습니다. 이제 우리가 붙드는 '오직 성경'이 우리의 교회를 위해 버팀목이 되기를 소망합니다. 다시 오직 성경을 외칩시다!

### 나눔을 위한 질문

- 당신의 신앙과 생활에 있어서 가장 큰 권위는 무엇입니까?
- 당신은 오직 성경의 가치를 어떻게 실천하고 계십니까?

# The Five Solas 2 _ Solus Christus

## 『오직 그리스도를 외치다』

### 서론

'다섯 가지 솔라'(The Five Solas)는 복음의 핵심을 포착하기 위해 종교개혁 당시만큼 오늘날에도 중요합니다. 모든 솔라는 서로 연결되어 있고 상호 의존적이어서 우리로 하나님의 영광에 이르는 복음을 깨닫게 합니다. 모든 솔라의 중심에 서 있는 '오직 그리스도'라는 깃발이 휘날리는 본질적 요점은 무엇일까요? 그리스도의 배타적인 정체성입니다.[22] 오직 성경이 말하고 있는 오직 그리스도의 인격과 사역이 복음입니다. 이 그리스도의 복음에 대한 우리의 믿음은 오직 하나님의 은혜인데, 그 목적은 너무나도 명료합니다. 오직 그리스도를 통한 하나님과 그의 택함 받은 자들 간의 화해로 인해 그의 언약 백성들에게 그의 영광을 드러내시는 것입니다. '오직 성경'이 모든 솔라의 근거요 출발점이라면, '오직 그리스도'는 모든 솔라의 중심에 서 있습니다.

종교개혁자들은 성경에 나타난 하나님의 창조와 재창조에 이르는 구속역사 전체의 중심에 '오직 그리스도'를 두고 있습니다. 삼위일체

---

22) 『하이델베르크 요리문답』은 그리스도의 배타적 정체성을 분명히 증거하고 있습니다. 우리의 유일한 위로는 그리스도께 있고(제1주일), 오직 유일한 대제사장이신 그리스도(제12주일)와의 연합을 통해 구원받으며(제7주일), 오직 그리스도의 대속의 은혜(제16주일)를 믿음으로 말미암아(제23주일) 의롭게 됨을 말합니다.

하나님의 영원한 계획 속의 모든 목적은 그의 언약을 통해 오직 그리스도 안에서 성취되며, 인간이 구원받을 수 있는 유일한 길인 오직 그리스도가 언약 안에 선포되는 유일한 복음이기 때문입니다.[23] 종교개혁자들은 오직 그리스도를 통해서 성경에 나타난 하나님 나라를 이해했습니다.[24] 즉 오직 그리스도만이 성경 역사의 중심이오 하나님께서 세상에 행하시는 모든 일의 초점입니다. 그렇기에 오직 그리스도를 모든 신학의 중심이라 할 수 있습니다.[25]

## 1. 다른 중보자

개혁신학은 16세기에 울리히 츠빙글리(Ulrich Zwingli, 1484-1531)와 존 칼빈(John Calvin, 1509-1564)에 의해 만들어졌다고 일반적으로 알려져 있습니다. 하지만 그들이 완전히 새로운 신학을 만들어 낸 것이 결코 아니었습니다. 이미 성경에 계시되어 있고, 바울이 말하였고, 어거스틴(Augustinus Hipponensis, 354-430)이 정리한 신학적 토대 위에서 개혁한 것입니다. 또한 초대교회의 공의회 중 하나인 니케아 공의회(First Council of Nicaea, 325)로부터 칼케돈 공의회(Council of

---

23) 루이스 벌코프, 『조직신학』, 권수경, 이상원 역 (서울: 크리스챤다이제스트, 2000), 303-307.
24) 부활하신 예수님께서는 "모세와 모든 선지자와 함께 모든 성경에 쓴바 자기에 관한 것을 자세히 설명"(눅 24:26-27) 하심을 통해 하나님의 계시의 중심에서 자신을 이해하셨습니다. 히브리서 기자는 아들의 우월성을(히 1:1-3a), 바울은 그리스도의 우주적 탁월함(엡 1:9-10; 골 1:16-17)을 선언함으로써 하나님의 나라는 오직 그리스도를 통해서만 회복되고 새롭게 됨을 말합니다.
25) 헤르만 바빙크, 『개혁교의학』 3권, 박태현 역 (서울: 부흥과개혁사, 2011), 333.

Chalcedon, 451)에 이르기까지 그리스도께서 완전한 인간이시며 완전한 신이라는 그때의 고백을 종교개혁자들을 통해 재확인되었고, 오늘날 우리 역시도 우리의 고백으로 받아들입니다.[26]

하지만 그 고귀한 신앙 전통이 중세 로마가톨릭교회를 지나면서 변하기 시작했습니다. 교회와 신학의 주요 골격이 사제주의로 옮겨졌기 때문입니다. 그들은 사제주의에 근거하여 그리스도와 더불어 인간 중보자들을 인정하기 시작하였습니다. 그것이 로마가톨릭교회 신도들의 신앙생활에 깊고 넓게 자리 잡혀 있었고, 직업, 가문, 혹은 지역 등등에 따라 그들의 수호성인에게 기도하는 문화에 익숙했습니다. 그 결과 로마가톨릭교회에는 하나님과 인간 사이에 다른 중보자들인 교황, 사제, 성모 마리아, 죽은 성인들이 존재하기 시작하였습니다. 로마가톨릭교회는 구원을 위해 이들에게 중보기도 할 수 있는 자격과 권세가 주어졌다고 가르칩니다. 비록 그들이 그리스도의 중보자 되심을 거부하지는 않았지만, 다른 것을 덧붙이는 것 자체가 그리스도를 과소평가할 뿐 아니라 부정하는 것이었습니다.

## 1) 교황

로마교회의 주교는 스스로 '교황'(Pope)이라 칭하며 다른 주교들과는 구별하고자 했습니다. 레오 1세(Sanctus Leo PP. I, 제45대, 재위 440-461)

---

26) 니케아 공의회(325)는 하나님의 아들 예수님을 피조물이라 주장하는 아리우스주의를 배격하고 그리스도의 참 하나님과 참사람 되심을 선언하였고, 콘스탄티노플 공의회(381)는 니케아 신경을 보완하였습니다. 에베소 공의회(431)는 사람으로서의 예수님과 하나님으로서의 예수님을 구분한 네스토리우스주의를 배격하였고, 칼케돈 공의회(451)는 매듭짓지 못한 예수님의 신인성의 완전함을 확정(혼합, 변화, 분리, 나뉘지 않음)하였습니다.

로부터 시작된 교황직은 그레고리우스 1세(Gregorius PP. I, 제64대, 재위 590-604)를 통해 '하나님의 종들의 종'이라 자처하며 모든 감독 위의 감독임을 드러내었습니다. 그레고리우스 7세(Gregorius PP. VII, 제157대, 재위 1073-1085)는 교황을 지상에 '그리스도의 대리자'로 삼았다면, 인노첸시오 3세(Innocentius PP. III, 제176대, 1198-1216)는 '그리스도의 대리자'라는 교황 칭호에 더해서 '하나님의 대리자'라는 칭호까지 추가하였습니다. 이 칭호는 교황의 권세를 교회에서 온 세상을 다스릴 권세로 확장한 것입니다. 처음에는 명예직으로 불렸던 교황 칭호가 점차 격상되어 스스로 '그리스도의 지상 대리인'에게까지 이르게 되었습니다. 베드로에 근거하여, 그리스도의 대리자를 자처한 교황제도는 근본적으로 교회의 머리이신 그리스도의 영광을 훼손시켰습니다.[27] 왜냐하면 교회사를 통해 볼 때, 교황은 그리스도의 대리자가 아니라 대체자가 되어 교회의 머리가 되었기 때문입니다.

루터가 로마가톨릭교회 신학자 요한 에크와 교황의 우월성에 대해 논쟁할 때 마태복음 16:18-19과 요한복음 21:15-19을 들어 비판한 것처럼, 칼빈은 그의 기독교강요 제4권 6장에서 교황권의 근거인 베드로의 수위권에 의문을 제기합니다. 칼빈은 베드로 수위권의 근거 구절인 "너는 베드로라 내가 이 반석 위에 내 교회를 세우리라"(마 16:18)와 "시몬아 네가 나를 더 사랑하느냐 … 내 양을 먹이라"(요 21:15-17) 이 두 구절은 다른 성경 어디에서도 뒷받침할만한 증거가 없는 잘못된 해석임을 분명히 합니다. 또한 칼빈은 루터와 마찬가지로

---

27) 이성호, 『종교개혁과 교회』 종교개혁자들과의 대화 vol 2 (서울: SFC출판부, 2016), 22.

"네가 땅에서 무엇이든지 매면 하늘에서도 매일 것이요, 네가 땅에서 무엇이든지 풀면 하늘에서도 풀리리라"(마 16:19)라는 베드로만의 특권이 아니라 다른 제자들과 교회에 주어진 동등한 권한임을 지적합니다(마 18:18; 요 20:23).[28] 더 나아가, 칼빈은 교회의 머리이신 그리스도께서 대리자를 지명하셨다는 성경 기록이 어느 곳에서도 찾을 수 없음을 지적하며, 오직 그리스도의 통치 아래 모두가 연결되어 있음을 말하였습니다.[29] 그뿐 아니라 『웨스트민스터 신앙고백』 25:6은 다음과 같이 말합니다. "예수 그리스도 외에는 교회의 머리가 존재하지 않습니다(엡 1:22; 골 1:18). 로마가톨릭교회의 교황은 어떤 의미로든지 교회의 머리가 아닙니다. 그는 적그리스도요 죄악의 사람이요 저주의 아들, 곧 교회 안에서 그리스도와 및 하나님과 관계된 모든 것과 반대되고, 자기를 영화롭게 하는 사람입니다(마 23:8-10; 살후 2:3-4, 8-9; 계 13:6)."

### 2)사제

로마가톨릭교회는 특별히 미사와 성례를 집행하는 사제들의 의식을 통해 하나님의 용서와 구원의 은혜가 나타난다고 보았습니다. 즉 사제들의 중보자적 역할을 통해 은혜가 실제로 주어진다는 것입니다. 사제가 없이는 미사를 드릴 수가 없고, 사제가 없이는 고해성사를 통해 죄를 고백할 수 없기 때문입니다. 죄인인 인간이 하나님께 직접 나아가지 못하고, 오직 사제를 통해서 죄 용서와 구원의 은혜가

---

28) *Inst.* IV.6.3-6.
29) *Inst.* IV.6.9.

베풀어지기 때문입니다.

인간 중보자인 사제 중심적 교회를 향해 루터가 전한 '만인제사장설'[30]은 로마가톨릭교회의 근간을 흔들었습니다. 왜냐하면 '만인제사장설'은 로마가톨릭교회가 구분하여 놓은 '사제는 거룩한 일 – 신자는 세속적인 일'을 한다는 이분법적 사고를 무너뜨릴 뿐 아니라, 모든 신자는 다 제사장의 자격을 가지고 있기에 역할에 차이가 없음을 주장하기 때문입니다. 즉 만인제사장설은 성도는 인간 중보자가 필요 없으며, 성도들 사이에는 어떠한 계급도 없으며, 그리고 모든 성도의 평등을 주장하는 개념입니다. 그렇다고 해서 누구나가 성례를 베풀수 있다는 의미는 아닙니다.

### 3) 마리아

로마가톨릭교회는 제2차 바티칸공의회(Second Vatican Council, 1962-1965)를 통해서 마리아 교리를 확정하였습니다. 첫째로, 마리아의 평생 동정녀 교리입니다.[31] 마리아는 오직 성령님으로 잉태한 이후로 남편 요셉과 순결한 상태로 평생 동정녀의 삶을 살았다고 합니다. 그들은 성경에 나오는 '예수의 형제들'인 야고보와 요셉(마 13:55)을 동명

---

30) 루터의 글에서 '만인제사장'에 대한 최초 흔적은 1515/16에 작성한 그의 로마서 강해입니다. 하지만 본격적으로 주장하기 시작한 것은 1520년부터 작성한 "신약성경에 대한 설교(*Sermon von dem Neuen Testament*, 1520)"와 "독일 크리스천 귀족에게(*An den Christlichen Adel deutscher Nation von des christlichen Standes Besserung*, 1520/21)"라 할 수 있습니다. 특별히 독일 크리스천 귀족에게 라는 글에서 '만인제사장' 개념이 본격적으로 나타납니다. 그리고 1523년에 "교회의 사역자를 세우는 것에 관하여"(*De instituendis ministris ecclesiae*, 1523)에서 '만인제사장' 개념이 체계적으로 정리되어 있습니다.
31) 『가톨릭교회 교리서』 제499조.

이인 마리아의 자식이라 풀이합니다. 둘째로, 마리아의 평생 무죄설 교리입니다.[32] 토마스 아퀴나스(Thomas Aquinas, 1224-1274)에 의해 주장된 마리아에게 원죄가 없다는 교리는 교황 비오 9세(Pio IX, 제255대, 1846-1878)에 의해 공식화되었습니다(1854). 마리아는 그녀의 지상 생애 동안 어떠한 종류의 죄도 범하지 않은 것은 하나님의 특별한 은혜로 말미암은 것이라 합니다. 셋째로, 마리아의 승천 교리입니다. 교황 비오 12세(Pio XII, 제260대, 1939-1958)에 의해 마리아 승천설이 선언되었습니다(1950).[33] 여기서 더 나아가 마리아는 '새 하와' 혹은 '교회의 어머니'로 추대받은 영광스럽고 존귀한 존재로 여겨지고 있습니다.[34]

마리아 교리에 대한 이들의 주장과 선언은 성경에 근거하지 않습니다. 이들은 성경이 마리아 교리에 대해 침묵하고 있지만, 교회의 전통을 통해 승천을 가르친다고 말합니다. 이와 같은 교리들은 자연스럽게 마리아의 중보자 역할로 모여집니다.[35] 특별히 마리아는 '여자 중보자'(mediatress)로서 그리스도와 동등한 중보자 혹은 공동 중보자(co-mediatrix)의 지위를 갖고 있다 합니다.[36] 더 심각한 문제는 로마 가톨릭교회 신자들은 성자 예수님께 기도하기보다는 그를 수태한 마리아에게 자신의 영혼을 위해 중보기도 해 달라고 기도하기를 무엇보다 좋아한다는 사실입니다. 왜냐하면 실제 그들에게 그리스도는 미

---

32) 『가톨릭교회 교리서』 제411조, 제508조.
33) 『가톨릭교회 교리서』 제966조.
34) 『가톨릭교회 교리서』 제972조, 제975조.
35) 『가톨릭교회 교리서』 제969조.
36) 마이클 리브스, 『꺼지지 않는 불길』 (서울: 복있는 사람, 2015), 25-26. 당시 교회는 공식적으로 마리아와 성인은 예배의 대상이 아니라 공경의 대상이라고 가르쳤지만, 성경적 지식이 없던 사람들에게 공경과 예배의 구분은 모호하기만 했습니다.

사 때마다 의식을 집례하는 사제에 의해 십자가에 달려야 하는 존재라면, 공동 중보자 지위를 갖는 마리아는 하나님의 어머니로서, 더 높은 경배의 대상이기 때문입니다. 한마디로 말해, 그들의 중보자 사상의 최정점에 마리아 숭배 사상이 놓여 있는 것입니다.

로마가톨릭교회는 다른 중보자 사상을 주장함으로 인해 그들의 신앙과 구원에 더 큰 유익이 있음을 주장합니다. 타락한 인간 홀로 감당할 수 없는 죄의 무게를 다른 중보자를 통해 보완될 수 있다고 여기기 때문입니다. 백지장도 맞들면 낫고, 하나보다는 다수가 낫다는 인간의 기본적인 심리에 잘 들어맞을지는 몰라도, 결정적인 문제는 성경적이지 않다는 점입니다. 그들은 오직 성경에 근거하지 않고, 오직 성경과 더불어 권위를 갖는 전통에 근거합니다. 하지만 그 전통에 근거한 그들의 다른 중보자 교리는 독생자 예수 그리스도의 중보자 되심에 대한 성경의 증거 앞에 침묵할 수밖에 없을 것입니다.


## 2. 유일한 중보자

종교개혁자들은 '오직 성경'에 근거하여 '오직 그리스도'만이 하나님과 인간 사이의 유일한 중보자 되시며, 그 외에는 결코 없음을 주장하였습니다. '오직 그리스도' 사상은 중세 로마가톨릭교회의 인간 중보자 사상과 마리아의 공동 중보자 사상을 전면으로 비판하는 것이었습니다. 루터는 로마가톨릭교회의 다른 중보자 사상을 거부하며 "중심은 그리스도다"라고 말하였습니다. 그리고 그는 그리스도의 자리를 차지하고 있는 다른 모든 비성경적 가르침들을 제거하고자 하였습니다. 그가 한 개혁은 바로 유일한 중보자 되신 예수 그리스도를 다시금 우리 구원의 중심에 위치하도록 한 것입니다.

### 1) 유일성

종교개혁자들은 교황의 칙령이나 교회의 회의 결과에 근거하지 아니하고, 오직 성경에 기초하여 유일한 중보자요 대언자는 오직 예수 그리스도이시며, 다른 이름은 없으며, 타락한 인간은 그를 통하지 않고서는 하나님 아버지께 나아갈 수가 없음을 증거 하려 하였습니다.

그렇다면 성경은 오직 그리스도만이 유일한 중보자 되심을 어떻게 말하고 있을까요? 성경은 우리의 유일한 중보자 되신 예수 그리스도께서 참 하나님이심과 동시에 참사람이심을 말합니다(『하이델베르크 요리문답』 제6주일). 그는 참사람으로 오셔서 죄인 된 인간 스스로가 감당해야 할 죄의 값을 대신하여 치르셨습니다. 또한 그는 참 하나님으로 오셔서 인간의 능력으로 감당할 수 없는 하나님의 진노를 신적 능력으로 감당하셨습니다. 다시 말해, 참 하나님이요 참사람이신 그리스도의 십자가 죽음과 부활의 역사로 말미암아 우리 구원이 완전히 충족되었습니다. 참 하나님과 참사람으로서 십자가의 속죄 사역을 이루셨고, 부활 승천하신 후 하나님 보좌 우편에서 참된 인성을 소유한 부활의 몸으로서 중보자 사역을 하고 계십니다. 오직 예수 그리스도 외에 다른 중보자가 없는 이유는 오직 예수 그리스도께서 그가 성취하여 우리에게 전가하시는 의는 다른 어떤 누구도 우리에게 건네줄 수 없는 완전한 하나님의 의이기 때문입니다.

'누가 나를 위해'라는 질문에 대한 답이 오직 그리스도입니다. 믿음으로 말미암아 의롭게 되어 구원받는 우리 자신은 구원의 원인이 아니라 대상일 뿐입니다. 중세 시대 때 사제나 교황들 역시도 원인이 아니라 대상에 지나지 않습니다. 다른 중보자를 찾거나 제도나 장치로 두는 행위는 결국 구원의 원인을 우리 자신에게 찾고자 하는 행위일 것입니다. 십계명에서 분명히 말하고 있듯이, 구약 백성들에게 '오직'은 여호와에게만 허용되었다면, 신약 백성들에게 '오직'은 그리스도에게만 허용됩니다.

만일 다른 중보자를 인정한다는 것은 어떤 의미일까요? 그것은 마치 구약 백성들이 우상을 숭배하며 하나님의 유일성을 거부한 것처럼, 그리스도의 유일성과 완전한 구원자 되심을 거부하는 행위가 됩니다. 즉 오직 예수님만이 우리의 유일한 중보자 되셔서 구원에 필요한 모든 것을 은혜로 베푸신다는 성경적 사실(시 49:7-8; 130:3; 나1:6; 고후 5:21; 롬 8:3-4)을 거부하게 됩니다. 오직 그리스도만이 우리의 유일한 중보자이시며, 그의 중보사역으로 말미암아 우리의 구원이 완성됨이 우리의 믿음입니다. 그렇기에 우리는 하나님께서 그의 택한 백성에게 베푸신 은혜언약을 위해 보냄을 받으시고, 그 언약을 완전히 성취하시고, 대속의 사역으로 말미암아 하나님의 진노를 진정시키고, 우리에게 하나님의 의를 전가하시고, 의롭다 일컬으시고, 화해케 하신 오직 그리스도를 향한 우리의 믿음이 온전히 고백되어야 합니다.

## 2) 충분성

그리스도의 배타성에 대한 고백은 그의 인격과 사역의 충분성으로 향합니다. 하지만 로마가톨릭교회는 중세신학의 기반 위에 그리스도의 배타성을 훼손하는 데 이르렀습니다. 중세를 대표하는 신학자 중 한 사람인 안셀름(Anselm of Canterbury, 1033-1109)은 그의 *Cur Deus homo*(하나님은 왜 사람이 되셨는가?)에서 그리스도의 속죄 사역을 하나님의 공의와 보상의 관점에서 해설하였습니다. 애석하게도 그는 그리스도의 순종 결과가 어떻게 우리에게 유익이 되어 구원에 이르게 하는지 설명하지 않습니다.[37] 이를 보완한 것이 토마스 아퀴나스입니다. 그는 그리스도께서 성취한 의가 우리에게로 적용되는 방법으로 성례전(세례와 고해성사)과 추가 공로 사역인 믿음과 선행을 통해 효과가 발휘된다는 것입니다.[38] 즉 그리스도의 속죄 사역에 인간 협력의 필요성을 주장함으로 인해 그리스도의 사역의 충분성이 훼손된 것입니다.[39] 바로 이 점에서 종교개혁자들은 로마가톨릭교회의 성례전주의를 거부하고 유일하게 그리스도를 단호하게 확언했습니다.

종교개혁자들은 로마가톨릭교회의 성례전 신학을 반대하였습니다. 츠빙글리는 성경을 통해 알 수 있는 예수 그리스도는 하나님의 유일한 위로자, 구속자, 구원자, 중보자라 말합니다.[40] 칼빈도 우리가 그리스도와 연결되지 않고서는 진노하시는 하나님과 원수이기에 오직 그리스도를 통한 아버지의 사랑을 받을 수 있음을 가르칩니다.[41]

---

37) 안셀름은 그리스도의 성육신을 속죄의 필연성에 집중하여 설명하였지만, 언약적 맥락에서 대속의 의미를 드러내지 못했습니다. 그로 인해 머리 되신 그리스도의 중보 사역을 통한 우리의 구원이 나타나지 않습니다.
38) 토마스 아퀴나스, 『신학대전』, 정의채 역 (서울: 바오로딸, 2000), 3:49.
39) 아퀴나스, 『신학대전』, 3:61.
40) "첫 번째 취리히 논쟁"(1523.1.29). 츠빙글리는 교회개혁을 위한 자신의 신학적 입장을 간략히 요약 정리한 「67개조」(Sixty-seven articles)를 논쟁의 근거로 사용하였습니다. 첫 15개 조항은 성경적 교리를, 나머지 52개는 로마가톨릭교회를 비판하는 내용이 담겨져 있습니다.
41) *Inst.* II.16.2.

『하이델베르크 요리문답』 30문답 역시도 다른 구원자를 믿는다는 것 자체가 말로는 자랑하나 행동으로 그리스도께서 유일하고 완전한 구주 되심을 부인하는 것임을 말합니다.

　오늘날 종교다원주의의 확장은 오직 그리스도에 도전하는 현대적 도전입니다. 종교다원주의나 포용주의는 종교의 다양성을 인정하며, 스테인드글라스에 비친 빛이 한 가지 색이 아닌 다채로운 빛으로 나타나듯이 구원의 다원화를 말합니다.[42] 이들은 오히려 왜 오직 그리스도만이 구원자여야 하는가? 라고 반박합니다. 종교다원주의는 예수 그리스도의 유일성을 거부하고 다양한 종교 지도자 중 하나로 끌어내렸습니다. 로마가톨릭교회는 제2차 바티칸공의회를 통해 그리스도를 통하지 않고서도 구원받을 수 있는 길이 있다고 밝힌 바가 있습니다.[43]

　그렇다면 우리는 오직 그리스도를 어떻게 방어해야 할까요? 우리는 그리스도께서 왜 오셔야 했는가에 대한 설명으로 대답할 수 있습니다. 오직 기독교만이 우리의 문제가 무엇인지를 다룹니다. 이는 자연스럽게 왜 우리에게 구원자가 필요한지로 연결이 됩니다. 성경만이

---

42) 다원주의는 모든 종교가 같은 구원을 가져다준다는 사상입니다. 세상에 존재하는 여러 종교는 결국 하나의 신과 하나의 구원에 대한 다른 표현일 뿐이라고 합니다. 포용주의는 예수님만이 구원의 근거임을 주장하지만, 타 종교를 믿는 사람들도 결국에는 구원에 이르게 된다고 합니다. 구원이 산 정상에 이르는 것이라면, 다원주의는 모든 길이 산 정상으로 가는 길이라면, 포용주의는 예수님만이 산 정상에 가는 길이지만, 다른 길을 가도 결국 정상에서 만나게 된다는 주장입니다. 하지만 배타주의는 오직 그리스도만 구원이라는 산 정상에 이르는 유일한 길이라 말합니다.
43) 교회에 관한 교의 헌장 16항 '교회와 비그리스도인': "사실, 자기 탓 없이 그리스도의 복음과 그분의 교회를 모르지만, 진실한 마음으로 하느님을 찾고 양심의 명령을 통하여 알게 된 하느님의 뜻을 은총의 영향 아래에서 실천하려고 노력하는 사람은 영원한 구원을 얻을 수 있다."

우리의 죄의 문제를 심각하게 다루고,[44] 그 해결책으로 오직 그리스도를 제시하고 있습니다. 우리에게 필요한 모든 것은 오직 그리스도 안에서 제공되고 있음을 성경이 증명합니다. 성경은 분명히 말합니다. 의인은 없으며 하나도 없으며, 그들은 하나님을 찾지도 않고 찾을 능력도 없습니다(롬 3:10-11). 오직 하나님께서 사람을 찾으시는 것입니다(요 3:16). 그리스도 밖에 있는 자들은 그리스도를 드러내시고 그의 영광을 위해 일하시는 성령님을 통해 그리스도 안으로 들어가게 됩니다(요 14:6, 16:13-15).[45]

그리스도께서는 반드시 오셔야만 했습니다. 종교개혁 이후 그리스도의 성육신과 십자가 죽음의 절대적 필요성이 주된 견해가 되었습니다.[46] 헤르만 바빙크(Herman Bavinck, 1854-1921)는 성육신과 속죄의 최종적이고 궁극적 목적은 죄인의 구원이 아니라 하나님의 주권적이고 자유로우며 은혜로운 선택과 계획에 놓여 있다고 합니다.[47] 그 계획을 성취하기 위해 그리스도의 대속의 사역이 절대적으로 필요했습니다. 하나님께서는 자신의 거룩하심과 의로우심 가운데서 완전한 자유로 구원을 베푸시는 것입니다. 그리스도와 그의 사역은 우리를

---

44) David F. Wells, *The Person of Christ* (Westchester: Crossway, 1984), 175. "그리스도를 올바로 이해하려면 우리 자신의 죄에 대해서도 알아야 한다. 우리는 자신이 죄인임을 알아야 한다. ... 무엇보다도 신약은 호기심 많은 사람이나 역사가나 성경학자를 위해 쓰여진 것이 아니라 모든 시대와 문화에서 용서받고 하나님을 알고자 하는 사람들을 위해 쓰여졌다."
45) 마이클 호튼, 『그리스도 없는 기독교』, 김성웅 역 (서울: 부흥과개혁사, 2009), 27. 마이클 호튼은 그의 책에서 사탄이 필라델피아를 장악한다면, ... 교회는 매주일 문전성시를 이룰 것이다. 그러나 교회에서는 그리스도가 선포되지 않을 것이다고 말합니다.
46) 벌코프, 『조직신학』, 608-612.
47) 바빙크, 『개혁교의학』 3권, 485-86.

구원할 수 있는 수많은 가능한 선택 중 하나일 뿐 아니라 유일한 길입니다.

오직 성경은 오직 그리스도를 말하고 있습니다. 성경에 나타난 언약의 주된 메시지는 오직 구원은 삼위일체 하나님의 약속 성취로 말미암아 이루어진다는 것입니다. 왜냐하면 하나님 외에 누구도 구원을 위한 죄 용서의 은혜를 베풀 수 없기 때문입니다. 그 구원의 일을 위해서 성육신하신 아들이 바로 우리의 새 언약의 대표자이자 대리자로서 행동하는데, 그의 성육신과 구속의 행위는 절대적으로 필요하며, 그를 떠나서는 구원이 없다는 것입니다. 그리스도는 하나님의 계획을 입증하고 실현하시는 분입니다(창 3:15). 하나님의 계획은 그가 노아, 아브라함, 이스라엘, 다윗과 언약 관계를 맺으실 때 분명히 드러나고 있으며, 특별히 여자의 후손을 통한 메시아의 오심은 하나님의 구원 통치를 이 세상에 실현하며 약속을 성취하는 것입니다. 또한 그 메시아는 바로 아담, 모세, 이스라엘, 다윗과 같은 다양한 모형론적 인물들은 유일하고 참되고 살아 계신 하나님이심을 가리키고 있는 것입니다. 구약에 나타난 모든 언약의 중보자들이 하나님의 약속과 임무를 성취하지 못하였고, 이는 자연스럽게 아들을 통해서만 새 언약 속에 나타난 하나님의 약속이 최종적으로 성취되고 하나님 나라의 도래와 연결되는 것입니다(렘 31; 겔 37:1-23; 참조 단 12:2; 사 25:6-9; 계 21:3-4). 그리스도 안에서 모든 성경적 언약은 그 목적, 종점, 성취에 이르렀습니다. 그리고 십자가를 중심으로 새언약 시대가 시작되었습니다. 오직 예수 그리스도만이 참 하나님이요 참사람으로서 우리의 구원과 하나님의 계획을 완전히 성취하신 유일한 분이십니다.

## 결론

오직 그리스도는 하나님의 모든 계획과 목적을 충분히 성취하시는 분이십니다. 오직 그리스도 안에서 우리는 우리의 모든 죄의 문제가 해결됩니다. 오직 그리스도 안에서 우리는 새 언약에 기초한 하나님 나라를 바라보게 됩니다. 오직 그리스도만이 우리 구원의 모든 것 되시기 때문입니다. 우리는 어떻게 구원을 받았느냐는 질문에 '나'로부터 그 대답을 시작하려는 유혹에서 벗어나, 성경에서 우리가 마땅히 해야 할 대답을 찾아야 합니다. '오직 그리스도'입니다. 그렇기에 오직 그리스도를 제대로 이해하지 못하면, 오직 믿음은 뜬구름 잡는 것이 될 것입니다. 오직 성경이 오직 그리스도를 우리의 유일한 중보자요 구원자로 말하고 있습니다. 나는 유일한 중보자 예수 그리스도를 믿습니다. 다시 오직 그리스도를 외칩시다! 아멘!

### 나눔을 위한 질문

- 당신에게 예수님은 어떠한 분이십니까?
- 당신이 경험한 예수님에 대한 공격적 질문은 무엇입니까?

# The Five Solas 3 _ Sola Fide

## 『오직 믿음을 외치다』

## 서론

초대교회는 로마서, 갈라디아서, 그리고 히브리서를 통해 '이신칭의' 개념에 익숙했습니다. 하지만 이후 교회의 주 관심사가 그리스도의 본성과 삼위일체 논쟁에 집중되다 보니, 칭의론은 사도 바울 이후 아우구스티누스(Augustinus Hipponensis, 354-430)에게 이르기까지 약 3세기 반 동안 소외되었습니다.[48] 하지만 4세기에 이르러 칭의론에 관심을 두게 된 결정적인 계기는 아우구스티누스와 펠라기우스(Pelagius, 360-418?)와의 논쟁 때문이었습니다.[49] 그리고 본격적으로 교회의 신학 논쟁의 중심에 위치하게 된 것은 루터를 통해서입니다.[50]

루터가 근본적으로 던진 질문은 죄인을 심판하시는 하나님 앞에서

---

48) 박영실, "어거스틴 이전의 기독교 역사에서 칭의 교리의 소외에 관한 연구," 『신학지남』 83/4, (2016), 201-226.
49) 펠라기우스는 칭의의 근거를 인간의 자유의지에 따른 공적에 두었고, 아우구스티누스는 스스로 죄인의 상태에서 벗어날 수 없기에 오직 하나님의 선물인 은혜로 의롭게 된다 반박했습니다. 즉 펠라기우스는 하나님의 보상은 각 사람이 한 일에 근거하고, 아우구스티누스는 하나님의 은혜에 근거한다 하였습니다.
50) Donald K. McKim, *Theological Turning Points: Major Issues in Christian Thought* (Philadelphia: Presbyterian Publishing Corporation, 1988), 89-90; 로버트 레탐, 『그리스도의 사역』, 황영철 역 (서울: IVP, 2000), 190.

어떻게 의롭다 인정을 받을까였습니다.[51] 로마가톨릭교회 역시 믿음으로 말미암아 칭의에 이르게 됨을 가르치지만, 그들에게 믿음은 칭의의 기초 혹은 초기 단계에 지나지 않았기에, 결과로써 칭의를 일으키기 위해서 믿음 외에 다른 필요조건을 요구하였습니다. 그에 반해, 루터가 오직 성경에서 발견한 대답은 오직 믿음이었고, 이 핵심 질문으로 시작하여 종교개혁이 일어났다고 할 수 있습니다.[52] 루터에게 '이신칭의' 교리는 교회 존립의 성패를 가르는 교리요 참된 교회를 분별하는 시금석이 되었기에 결코 포기되거나 타협될 수 없는 교리였습니다.[53]

## 1. 이신: 믿음으로 말미암다

이신칭의에서 '오직 믿음'은 '이신' 즉 '오직 믿음으로써' 혹은 '오직 믿음으로 말미암아'(by faith alone)에 해당합니다. 그렇다면 여기서 말하는 믿음이란 무엇일까요? 종교개혁 당시 칼빈은 루터와 츠빙글리와 같이 믿음을 '동의'(*Assensus*)를 동반한 확실한 '지식'(*Cognitio*)과 '신뢰'(Fiducia)로 보았습니다.[54] 특별히 칼빈은 성령님을 통해 우리 마음

---

51) Carter Lindberg, *The European Reformations* (Chichester, UK: Wiley, 2011), 66-67.
52) 유해무, "믿음에 대한 개혁 신조들의 고백," 『오직 믿음으로: 루터의 믿음과 신학』 (서울: 성약, 2011), 84.
53) 칼 R. 트루만, 『루터의 유산』, 한동수 역(서울: 기독교 문서 선교회, 2021), 2. 루터는 비텐베르크 대학교에서 로마서를 가르치며 종전의 구원론의 오류를 발견하였습니다. 그는 로마서 1:17에서 복음을 통한 구원의 길을 발견하고, 3:28에서 율법의 행위와 상관없이 은혜로 칭의됨을 깨달았습니다. 루터는 훗날 회고하기를 값없이 주시는 칭의를 깨달은 순간 비로소 천국의 문이 열리는 것과 같은 감격과 확신을 갖게 되었다 하였습니다.

에 인 쳐지는 마음의 확신을 믿음의 본질적 특성으로 강조하였습니다.[55] 지식, 동의, 신뢰 이 세 가지 요소가 개혁신학 전통에서 믿음의 세 가지 속성으로 자리 잡게 되었습니다. 또한 칼빈은 구원 얻는 믿음을 강조하면서 그리스도와 그의 의만을 의지하는 믿음, 즉 칭의를 증거할 수 있는 믿음을 중요하게 여겼습니다.

그뿐 아니라, 칼빈은 중세 로마가톨릭교회의 믿음 개념인 크게 맹신, 도덕적 추측, 그리고 단순 동의를 비판하였습니다.[56] 첫째, 맹신에 대한 비판입니다. 로마가톨릭교회는 구원의 진리에 대한 탐구는 전적으로 교회의 일이며, 성도는 교회가 가르쳐 주는 바를 진리로 받아들일 마음의 자세만 갖추면 된다고 합니다. 이와 같은 맹목적 수용 자세는 결국 잘못된 가르침과 해석 역시도 무비판적으로 받아들임을 말합니다. 둘째, 도덕적 추측에 대한 비판입니다. 로마가톨릭교회는 성경적 증거에 근거하지 않고 오로지 도덕적 추측에 근거하여 하나님의 은혜를 향한 믿음을 논하였습니다. 왜냐하면 어느 누구도 자신이 하나님의 은혜를 받기에 적합하지 않다 여기지 않기 때문입니다. 하지만 칼빈의 입장에서는 의심과 추측 자체가 믿음과 상극을 이룰 뿐 아니라, 오늘 내세울 만한 도덕적 추측이 내일은 중생의 근거가 되지 못하는 변덕성 때문에 거부하였습니다. 셋째, 단순 동의에 대한 비판입니다. 로마가톨릭교회는 믿음을 지성적 동의로 보았지만, 마음의 확신을 배제하였습니다. 칼빈은 머리로 이해하고 생각을 받아들이는

---

54) *Inst* III.2.7. 보라. Joel R. Beeke, *The Quest for Full Assurance*: The Legacy of Calvin and His Successors (Edinburgh: Banner of Truth, 1999), 37, 39.
55) *Inst* III.2.14.
56) *Inst* III.2.33-40.

것보다 마음으로 믿고 확신으로 채워가는 것이 훨씬 어렵고 중요하다고 여겼습니다.

칼빈에게 구원을 얻는 믿음은 맹목적인 것도 아니고, 감정적 요소가 없이 무미건조한 지식 혹은 정보 차원에서의 동의도 아니고, 구원의 확신 가능성을 부정하고 추측하는 차원에 머무는 이해를 거부한 것입니다. 바로 이러한 관점에서 지식, 동의, 신뢰가 믿음의 요소로 이해되는 것입니다.

이제, 의에 이르는 믿음의 역할은 무엇일까요? 믿음으로 말미암아 우리가 의롭게 된다고 말할 때, 하나님께서 의롭다고 하실 수 있는 이유는 믿음에 근거한 것(based upon faith)이 아니라 믿음을 통한(by faith) 것이기 때문입니다. 여기서 칭의의 근거는 오직 그리스도이며 믿음은 칭의의 수단이요 도구적 원인입니다(갈 2:16, 롬 5:1, 엡 2:8). 칼빈은 구원에 있어서 이 믿음을 통한 그리스도와의 연합(Unio cum Christo)이 그의 구원론의 핵심 내용으로 자리 잡고 있습니다.[57] 왜냐하면 구원은 그리스도와 신자와의 연합으로 시작되기 때문입니다. 바로 그러한 측면에서, 그리스도와의 연합은 예정론, 기독론, 구원론, 교회론 등의 근본 개념으로 자리합니다.[58]

그런데 여기서 주의해야 할 개념은 바로 믿음은 하나님의 호의를 받아내는 방식이 아니라는 데 있습니다. 믿음의 주체인 내가 나의 구

---

57) *Inst.* III.1.1. John Fesko, *Beyond Calvin: Union with Christ and Justification in Early Modern Reformed Theology (1517-1700)* (Göttingen: Vandenhoeck & Ruprecht, 2012), 14-17.
58) 토드 빌링스, 『그리스도와의 연합』, 김요한 역, (서울: CLC, 2014), 142.

원을 이루고 붙드는 것이 아닙니다. 소망은 우리의 믿음이 얼마나 큰가에 달린 것이 아닙니다. 내 믿음을 얼마나 끌어낼 수 있는지가 아닙니다. 우리의 믿음의 대상이 우리를 붙들어주고 지탱케 하며 구원합니다. 구원자가 얼마나 위대한지에 달렸습니다. 대상이 없는 믿음은 믿음이 아닙니다. 구원받게 하는 믿음은 구원하는 이, 곧 예수 그리스도를 향한 믿음입니다. 구원의 확신은 오직 그리스도에게 있습니다.[59] 확신은 우리에게가 아니라 그리스도에게 달린 것입니다.


## 2. 칭의: 의롭다 일컫다

로마가톨릭교회는 트렌트 공의회(1545-1563)를 통해 루터를 비롯한 종교개혁의 칭의론에 대해 이단으로 정죄하였습니다. "칭의에 대한 포고"(*Decretum de iustificatione*, 1547)에서 오직 믿음으로 말미암는다는 칭의론을 정죄하며, 인간의 행위에 기반하여 믿음과 선행의 협력을 통한 의를 공포하였습니다. 그뿐 아니라, 인간의 행위나 협력을 거부하고 오직 믿음에 의한 칭의를 말하는 자는 저주를 받는다고 하였습니다.[60]

---

59) 보라 Martin Luther, *Luther: Letters of Spiritual Counsel*, T. G. Tappert (Vancouver, BC: Regent College Publishing, 2003), 86. 루터는 이렇게 설교하였습니다: "마귀가 당신의 죄를 들이대며 죽어 지옥에 가야 마땅하다고 소리치면, 그에게 말하라: 나도 죽어 지옥에 가야 마땅하단 걸 알지만, 어쨌다는 거냐? 나 대신 죽어 심판을 받으신 이가 계시니 그 이름은 예수 그리스도요 하나님의 아들이시니 그가 있는 곳에 나도 있다!"

60) 참조. Lutheran World Federation, *Joint Declaration on the Doctrine of Justification* (Grand Rapids: W.B. Eerdmans Publishing Company, 2000). 로마가톨릭교회는 루터교회와 함께 발표한 『칭의에 관한 공동선언문』(*Joint Declaration on the Doctrine of Justification by the Lutheran World Federation and*

그렇다면 왜 '오직 믿음'에 의한 칭의를 저주받아 파문되어야 할 죄로 여겼을까요? 그 이유는 로마가톨릭교회의 성례를 제거하기 때문입니다. 로마가톨릭교회의 성례는 구원에 필요한 것이고, 원의(原義)를 제공하여 의롭게 하는 결정적인 역할을 하는데, 이를 제거하면 로마가톨릭교회의 근간 자체를 부정하는 것이기에, 저주와 파문으로 대응한 것입니다.

루터의 이신칭의에 대한 외침은 의로우신 하나님과 죄인인 자기에 대한 근본적인 대답이었습니다.[61] '인간은 어떻게 하나님 앞에서 의로워질 수 있을까?', '죄인인 인간이 어떻게 하나님의 최후 심판을 견뎌낼 수 있을까?'와 같은 질문들에 대한 근본적인 대답이었습니다. 우리는 쉽게 '칭의'를 이해하기 위해 다음 두 가지 질문에 집중해 보고자 합니다.

### 1) 죄인을 향한 칭의

첫 번째 질문은 '의로우신 하나님께서 어떻게 죄인을 의롭다 하실 수 있으실까'입니다. 이 질문에 답하기 위해서는 우리는 두 가지 사실을 알아야 합니다. 먼저, 칭의 교리는 하나님의 용서하심이 선행된다는 사실입니다. 그의 무한하신 자비로 죄를 용서하셔야, 하나님께서는 자신의 의로우심을 유지할 수 있고, 동시에 죄인을 의롭게 하시는 것

---

*the Catholic Church*, 1999년 10월 31일) 16, 25-26항에서 이신칭의를 선언하고 있지만, 그들의 공식적인 입장은 『가톨릭 교회 교리서』로 트렌트 공의회(1545-1563년)와 동일한 입장을 고수하고 있습니다.

61) 김헌수, "오직 믿음으로 – 루터가 이해한 '믿음'", 『오직 믿음으로: 루터의 믿음과 신학』 (서울: 성약, 2011), 63.

입니다. 다음으로, 칭의 교리는 전적인 하나님의 사역이라는 사실입니다. 그렇기에 하나님의 심판 앞에서 우리가 의롭다고 여김을 받는 것입니다. 법정적 용어로써 칭의의 의미는 하나님께서 우리를 법의 영역 안에서 의롭다고 하시는 것입니다. 복음이 복되고 좋은 소식이 될 수 있는 것은 우리가 아직 죄인 되었을 때 우리가 여전히 죄인의 상태일 때에 하나님께서 우리에게 의롭다 선포해 주시는 것입니다(롬 5:8).

우리가 성경에서 확인할 수 있는 칭의의 개념은 본질적으로 의롭지 않은 사람들을 하나님이 의롭게 여기신다는 데에 있습니다. 구약에서 아브라함이 하나님을 믿을 때 의롭다고 여김을 받았고, 신약에서 사람들이 그리스도를 믿을 때 의롭다고 여김을 받았습니다. 그런데 우리가 우리의 믿음에 대해 착각하면 안 되는 것은 우리의 믿음이 우리의 모든 불의를 덮는 최상의 의로움이 되거나 모든 죄악을 향한 대속이 되는 것이 결코 아니라는 사실입니다. 먼저 '내가 거룩하니 너희도 거룩할지어다'(레 11:45) 명령하신 참으로 의로우신 하나님께서 그리스도가 소유한 그 의를 우리에게 전가하십니다. 그로 인해 죄인인 우리가 하나님의 의를 소유하고 의롭게 하시는 하나님으로 인해 의인이 되는 것입니다. 오직 그리스도의 사역에 의해서 하나님께서 우리를 의롭다고 여기시는 것입니다. 다시 말해, 오직 믿음에 의한 칭의인 이신칭의는 오직 그리스도에 의한 칭의입니다.

## 2) 칭의의 발생 수단

두 번째 질문은 '칭의가 우리에게 어떻게 일어날까'입니다. 믿음에 '의한' 칭의에서 알 수 있듯이, 칭의의 도구적 원인은 무엇이냐 혹은 칭의가 발생하는 수단은 무엇이냐가 논쟁의 초점입니다. 로마가톨릭교회는 믿음의 중요성을 인정합니다. 하지만 그보다 앞서 세례를 통해 은혜가 인간 영혼 안에 주입됨으로 인해 대죄 혹은 죽음의 죄를 짓지 않는 이상 그 은혜의 상태를 유지하게 됨을 강조합니다. 그런데 이후에 대죄를 짓게 되면 믿음은 있으나 칭의의 은혜를 잃어버린 상태가 됩니다. 그렇기에 트렌트 공의회는 고해성사를 통해서 은혜를 상실한 상태의 회복이 가능하다 하였습니다. 다시 말해, 칭의는 먼저 세례를 통해 다음으로 고해성사를 통해 주어진다는 것입니다.

로마가톨릭교회가 칭의의 도구적 원인이 세례와 고해성사였다면, 종교개혁자들은 칭의의 도구적 원인을 믿음으로 보았습니다. 믿음은 그리스도의 의가 우리에게 주어지는 수단입니다. 이 문제가 생각보다 큰 논쟁거리를 불러일으켰는데, 그것은 바로 '의의 주입'(infusion)이냐 '의의 전가'(imputation)냐 하는 논쟁입니다.[62] 로마가톨릭교회는 성례를 통해 특정 양의 은혜가 사람의 영혼에 주입되고 나면, 그리스도의 의가 그의 영혼에 부어진다고 생각했습니다. 그렇기에 로마가톨릭교회는 로마서 3:28의 "의롭다 하심을 얻는 것"을 법정적 선언의 의미가 아니라 '의롭게 만들다'로 번역하며 '칭의' 대신 '의화'(義化, '의로운'이라는 뜻의 *justus*와 '만들다'라는 뜻의 *facere*의 합성어)라는 용어를 선호했습니다. 이 개념에는 인간의 선행과 성화를 위한 노력을 통해 의를 만들어 가는 가정으로 이해하는 것입니다. 즉 그리스도가 성취한 확실한 의가 아니라 우리가 성취해야 할 의가 되어버린 것입니다. 그

---

62) R. C. 스프롤, 『모든 사람을 위한 신학』, 조계광 역 (서울: 생명의말씀사, 2015), 269-274.

뿐 아니라, 토마스 아퀴나스(Thomas Aquinas, 1224-1274)의 영향으로 성례를 통한 은혜의 주입(*gratia infusa*)이 의로운 행동을 야기케 하고, 이 과정을 반복함으로 인해 우리 안에 습성(*habitus*)이 된 고유한 의 (*iustitia propria*)를 통해서 의롭다 인정받게 된다고 말합니다.[63]

하지만 루터는 로마서 3:28의 "의롭다 하심을 얻는 것"에서 믿음의 중요성을 강조하였습니다. 그는 특별히 "오직"(allein)이라는 단어를 삽입하여 본문의 의미를 더 분명히 하고자 하였고, 여기서 "오직 믿음"(*Sola Fide*)이라는 표현이 나왔습니다.[64] 다시 말하면, 로마가톨릭교 회도 언제나 그리스도께서 하신 일이 우리의 구원에 있어 절대적으 로 필수적이라고 가르쳤지만, '어떻게 내게 주어지느냐?'에 대한 답 은 오직 성례를 통해서 영혼 속에 그리스도의 의가 주입된다고 했습 니다. 그렇기에 각 개인은 이 주입된 은혜에 협력하고 승인하되 실제 로 의롭게 될 정도로 '협력'해야 한다고 말하는 것입니다. 주입된 그 리스도의 은혜가 영혼에 주어지고 죄인이 이에 협력하여 실제로 의 로워지는 정도에 이르러야만, 비로소 그때 하나님은 그 사람을 의롭 다고 선포하신다는 말입니다.

로마가톨릭교회는 죄인이 협력하여 실제로 의로워지는 정도에 이 르러야만 칭의가 이루어지니 그들은 무엇이 필요했을까요? '연옥'의

---

63) 김용주, 『칭의, 루터에게 묻다』 (서울: 좋은씨앗, 2017), 56-58.
64) 루터는 이 사실을 자신의 동료 벤체스라우스 링크(W. Linck)에게 보낸 서신 에서 밝히고 있습니다. H. O'Connor, *Luther's Own Statements Concerning His Teaching and Its Results Taken Exclusively from the Earliest and Best Editions of Luther's German and Latin Works* (New York: Benziger Brothers, 1884), 22-25. 김태섭, "개역개정 로마서에 나타난 '오직'의 번역에 관한 고찰," 『성경원문연 구』 49 (2021), 150.

교리가 필요했습니다. 연옥에서 수천 년 동안 정화 과정과 나쁜 것을 제거하는 과정을 통해 하나님으로부터 의롭다고 선언될 정도로 충분히, 거룩하게 되는 교리입니다.

그렇다면 우리의 믿음을 통한 그리스도의 의는 어떻게 우리의 의가 되는지 '전가'(轉嫁, imputation) 개념을 살펴보겠습니다. '전가'란 '옮긴다', '떠넘긴다', '돌려진다'는 뜻입니다. '전가'란 돈이 이 계좌에서 다른 계좌로 옮겨지듯이 예수님의 의가 믿는 자에게로 옮겨지는 것입니다. 그리스도께서 성취하신 의가 믿음을 통해 우리에게 옮겨지거나 돌려지는 것이 바로 의의 전가 개념입니다. 우리가 소유하지 못했던 의가 우리의 것으로 여겨지는 것은 그리스도와 죄인 사이의 '놀라운 교환'(admirabile commercium)입니다.[65]

이 전가의 개념에는 두 가지 차원이 있습니다. 한편으로는 우리의 죄책의 대가를 대신해서 완전히 지불하는 의미로의 전가와 다른 한편으로는 모든 율법적 요구를 다 성취하는 의미로의 전가입니다.[66]

다른 말로 하면, 하나님의 칭의 선언은 죄인의 죄를 사하시고 무죄를 선언하시는 소극적인 면과 그리스도의 의를 전가하심으로써 죄인을 의롭다고 선언하시는 적극적인 면이 있습니다.[67] 우리의 믿음으로 인해 의롭게 됨은 그리스도께로 연결하는 도구와 수단으로써의 믿음에 의해 의롭게 되는 것을 말하는 것입니다.

---

65) 토마스 슈라이너, 『오직 믿음』, 박문재 역 (서울: 부흥과개혁사, 2017), 42-43. 2세기 문서인 "디오그네투스에게 보내는 편지"에서 '놀라운 교환'이라는 개념이 처음 등장합니다.
66) Fesko, *Beyond Calvin: Union with Christ and Justification in Early Modern Reformed Theology (1517-1700)*, 317.
67) *Inst.* III.11.2.

그러한 의미에서, 루터는 죄인을 의롭다고 하는 바로 그 효력 있는 공로 혹은 의는 '우리 밖에 있다'(*iustitia extra nos*)를 강조하였습니다.[68] 루터는 내 안에서 불가능한 것을 내 밖에서 성취된 그리스도의 의가 은혜로 인해 우리 안에 스며들어 온다고 합니다.[69] 칭의의 유일한 근거는 우리 안이 아닌 우리 밖에서 일어난 예수 그리스도의 십자가와 부활을 통한 완전한 의로움에 전적으로 달려있습니다. 하나님이 모든 믿는 자들에게 그들 자신의 것이 아닌 의를 주심으로써 죄인들을 의롭게 해 주시기 때문에 복음이 복되고 기쁜 소식이 되는 것입니다. 그뿐 아니라, 칼빈은 그리스도와의 연합 교리를 통하여 인간의 공로 사상을 배제 시킴과 동시에 인간의 책임 문제에 조화를 이루었습니다.

## 3. 새 관점 학파의 도전

오늘날 '오직 믿음'에 가장 위협적인 공격은 영국의 성공회 출신 신학자인 E. P. 샌더스(E. P. Sanders), 제임스 던(James D. G. Dunn), 톰 라이트(Nicholas. T. Wright) 등에 의해 주장되는 바울에 대한 새 관점(New Perspective on Paul, 약칭으로 NPP) 학파입니다.[70] 그들의 요지는 루터가 칭의론을 바울 신학의 중심으로 본 것은 잘 못 본 것이며, 루터는 바

---

68) *LW*. 34, 178.
69) *LW*. 31, 301.
70) 바울에 대한 새 관점에 따르면 새 관점이란 1세기 유대주의의 관점을 가지고 칭의와 관련된 바울의 서신들을 새롭게 이해하는 시도입니다. 하지만 언약적 율법주의는 반(半)펠라기우스주의의 오류이며 결국 로마가톨릭교회 교리로 돌아가는 것이라고 비평을 받습니다. 이승구, "'바울에 대한 새 관점' 무엇이 문제인가?" 기독교개혁신보, 2013.10.26; 김병훈, "'바울신학의 새 관점들'의 '언약적 율법주의'에 대한 개혁신학의 비평," 기독교개혁신보, 2009.1.16.

울의 칭의 개념을 제대로 이해하지 못했다는 것입니다.[71] 왜냐하면 그들이 볼 때 1세기 유대교 문헌에 나오는 "율법의 행위"(롬 3:20, 28; 갈 2:16)는 할례, 안식일 준수, 음식 법, 정결법과 같은 율법이 아니라, 민족적 배타주의에 근거한 유대인이 이방인을 구분했던 율법 규정이기 때문입니다. 그런 의미에서 바울의 비판은 율법주의 그 자체가 아니라 유대인들의 민족주의였다고 말합니다.[72]

이신칭의와 관련하여 바울에 대한 새 관점 학파는 먼저 법정적 칭의 개념을 거부하고 관계적 칭의 개념을 주장합니다. 믿음으로 하나님의 새 가족이 된 자는 율법 준행의 삶을 살게 되는데 이같이 하나님과 올바른 관계의 회복이 칭의라고 합니다. 이는 그리스도의 의의 전가를 부정하는 것입니다. 또한 현재의 칭의를 미래의 칭의와 구분하고, 현재의 칭의는 미래 칭의의 근간이 되지만, 성화의 삶을 통해 증거될 때 비로소 미래의 칭의가 최후의 칭의로 선언된다고 보았습니다.[73] 이는 칭의의 단회성과 완전성을 부정하는 것이며 행위 구원론이 되어버립니다.[74] 마지막으로 구원의 탈락 가능성을 말합니다. 현재 예수님을 믿고 구원을 받았다고 말하더라도, 의로운 삶을 살아내지 못하면 종말의 칭의에서 탈락할 수 있으니, 오직 믿음이 아니라

---

71) Gijsbert Van den Brink and C. Van der Kooi, *Christian Dogmatics* (Grand Rapids: Eerdmans, 2017), 678.
72) 슈라이너, 『오직 믿음』, 169.
73) 이승구, "'바울에 대한 새 관점' 무엇이 문제인가?".
74) 노승수, "'바울의 새관점' 학파가 주장하는 '미래의 칭의'에 대한 비판적 소고," 기독교개혁신보, 2013.9.24.; 서철원, "이신칭의 교리 500년 (3)," 리폼드 뉴스, 2018.8.9. 서철원 교수는 김세윤의 유보적 칭의론에 대해 믿는 자들이 최종 판정 전이니 죽은 후 천국은 못 갈 것이며, 그렇다고 지옥도 바로 간다고 할 수 없을 것이니, 그러면 연옥 교리를 만들어야 할 것이라고 꼬집어 비평하였고, 또 성경의 칭의는 종말론적 칭의 선언이며 신자는 죽으면 즉시 하나님 품에 안긴다고 말합니다.

선한 행위가 반드시 더하여진 믿음으로 구원받는다는 것입니다. 성경과 종교개혁자들은 결코 선행을 거부하지 않았습니다. 다만 구원의 공로와 원인으로써 믿음과 선행이 아니라, 칭의의 결과로써 선한 열매를 말합니다. 로마가톨릭교회로부터 율법 폐지론자라는 비난을 받은 루터 역시도 믿음은 선행의 열매를 가져온다는 사실을 분명히 하였습니다.[75] 루터는 거룩하게 되는 것은 죄로부터 우리 자신이 깨끗하게 되어 경건한 삶을 사는 것이 아니라 믿는 것으로 믿음이 성화를 이루는 것이라 합니다.

새 관점 학파는 이신칭의의 복음을 거부합니다. 만약 칭의의 법정적 성격이 거부되거나 조건으로써 행위가 주장된다면, 이는 그리스도의 십자가 대속의 필요성과 완전성이 사라지게 되고 의의 전가를 부정하게 됩니다. 만약 구원의 탈락 가능성을 말한다면, 이는 하나님의 영원한 선택, 그리스도의 구원사역, 성령님의 인치심의 실패 가능성과 끊을 수 없는 하나님의 사랑을 부정하게 됩니다(롬 8:35, 38-39). 결과적으로, 새 관점 학파의 구원론은 로마가톨릭교회의 선행을 통한 행위 구원론으로 회귀하는 것이 됩니다.

## 결론

종교개혁 당시 교회개혁의 가장 큰 원동력이 되었던 핵심 교리는 바로 이신칭의 교리였습니다. 이신칭의 교리는 16세기 종교개혁자들

---

75) 유해무, "오직 믿음으로-루터가 이해한 '믿음'," 『오직 믿음으로: 루터의 믿음과 신학』 (서울: 성약, 2011), 71-76.

에게 종교개혁을 한마디로 정의하는 결정적인 교리였고, 『아우그스부르크 신앙고백』(Augsburg Confession, 1530) 제4조, 존 칼빈의 『기독교강요』 제3권 3장과 11장, 『프랑스 신앙고백』 제18조, 『벨기에 신앙고백』 제22-23조, 『하이델베르크 요리문답』 제60-61문답, 『웨스트민스터 신앙고백』 제11장, 『웨스트민스터 대요리문답』 제70문답, 『웨스트민스터 소요리문답』 제33문답 등이 이신칭의의 중요성을 다루고 있습니다.

종교개혁의 대의는 칭의 교리였고, 형식적 원인은 성경의 권위에 대한 교리였음을 우리는 인정합니다. 이신칭의 교리는 기독교 신앙을 굳게 떠받치는 구원론과 교회론의 주축일 뿐 아니라 교회개혁과 신앙 개혁의 초석이 되었습니다. 루터는 이신칭의 교리를 통해 교회를 낳았고, 교회를 양육하고, 교회를 보호하였습니다. 즉 이신칭의의 가르침은 오늘날의 개신교를 태동시켰을 뿐 아니라 지금까지 개신교를 굳건히 지탱해 왔습니다. 교회사를 통해 알 수 있는 것은 이신칭의의 가르침이 교회 내에 바르게 전파될 때 교회는 생명력으로 건강하게 성장하였다면, 반대로 칭의론이 변질되어 전해질 때 교회의 존재 자체와 그리스도의 십자가는 값싼 복음과 값싼 은혜로 흔들었습니다. 16세기 루터의 고민이 지금 우리의 고민이 되고 있습니다. 이신칭의 교리를 제대로 알고 이해하는 사람들이 적어지고 있습니다. 이신칭의의 교리를 제대로 알고 이해하고자 하는 사람들이 줄어들고 있습니다. 그뿐 아니라, 이신칭의 교리를 배워 개념적으로 안다고 하더라도, 진정으로 이 교리를 신앙과 생활의 중심 개념으로 삼고 살지 않습니다. 이신칭의 교리의 결론으로 한 루터의 말인 "의인인 동시에 죄인 (*simul iustus et peccator*)!"을 오늘도 다시 외쳐야 합니다. 우리는 하나님 앞에서 의인인 동시에 죄인으로서 날마다 거룩함을 실천하며 살아야 할 것입니다. 오직 그리스도의 의가 우리에게 전가되어 우리가 믿음으로 인해 의롭다 칭함 받음을 신앙으로 고백하고 감사합시다. 다시 오직 믿음을 외칩시다! 아멘!

### 나눔을 위한 질문

- 당신에게 믿음은 무엇입니까? 당신은 무엇을 믿으십니까?
- 당신은 구원의 확신을 무엇을 통해 확인하고 있습니까?

# The Five Solas 4 _ Sola Gratia

『오직 은혜를 외치다』

## 서론

중세 유럽 사회는 전쟁과 전염병으로 인한 죽음의 공포에 휩싸여 있었습니다. 온 유럽 사회는 진노하시는 하나님의 공의로운 심판으로 해석된 그 죽음의 공포로부터의 구원을 진정 갈망하였습니다. 애석하게도 로마가톨릭교회는 그 공포심을 이용하여 그들의 교회를 키웠고, 종교개혁자들은 그와 같은 방식의 가르침과 정책을 비판하였습니다.

당시 종교개혁자들의 고민은 '어떻게 진노하시는 하나님으로부터 구원을 얻을 수 있는가?'였습니다. 종교개혁자들은 그 두려움과 공포심에서 벗어나는 방법을 '교회'가 아니라 '하나님'으로부터 찾았고, 로마가톨릭교회가 가르치는 진노하시는 하나님, 심판하시는 하나님, 공의의 하나님을 교정하고, 자비하신 하나님, 은혜의 하나님, 사랑의 하나님을 소개하였습니다. 그러한 관점에서 종교개혁자들이 외친 하나님의 은혜는 모호하고 추상적인 교리나 구호가 아니라 생명의 증거였고, 하나님을 통한 구원의 복음은 이신칭의와 더불어 '은혜'에 대한 이해에 집중케 하였습니다.

# 1. 하나님의 진노

## 1) 면죄부 판매

교황 우르바노 2세(Urbanus II, 제159대 교황, 1035-1099)는 기독교 성지 회복을 목적으로 십자군 전쟁(Expeditio Sacra, 1095-1291)을 일으켰습니다.[76] 하지만 죽음의 공포를 불러일으키는 전쟁에 참전하는 자들은 전쟁에서 행해지는 자신들의 죄에 대한 형벌을 두려워했습니다. 이에 교황 우르바노 2세는 전쟁에 참여하여 전사하거나 살아 돌아온 자들의 죄의 벌 문제를 해결해주기 위해서 '면죄부'(indulgence, '면벌부' 혹은 '대사'라고도 불림) 증서를 발행하기 시작했습니다. 그는 전쟁을 통해 자행되는 모든 죄가 용서받을 것이며, 설령 전쟁 중에 죽게 된다고 하더라도 영생이 보장될 것을 약속하였습니다. 이후 면죄부는 전쟁자금 마련을 위해 판매되었고, 심지어 교황 갈리스토 III(Callistus PP. III, 제209대 교황, 재위 1455-1458)는 면죄부를 통해 연옥에 있는 영혼들의 구원 가능성을 선언했으며(1457), 교황 식스토 IV(Sixtus PP. IV, 제212대 교황, 재위 1471-1484)는 죽은 자뿐 아니라 산 자에게도 연옥의 고통 해제 효력을 확대하였습니다(1476). 그런 뒤 교황 율리오 II(Iulius PP. II, 제216대 교황, 재위 1503-1513)[77]는 성 베드로 대성당 건축 기금을

---

76) 로마가톨릭교회는 기독교 성지 회복을 위한 십자군 전쟁뿐 아니라 영토 확장 전쟁을 추진하였습니다. 하지만 이를 위해 과도하게 징수되었던 세금으로 인해 농민들과 서민들의 불만은 반란으로 이어졌고, 로마가톨릭교회의 권위는 점차 상실되기 시작했습니다. 바로 그 영토 확장 전쟁 때, 1535년 기욤 파렐(Guilaume farel, 1489-1565)의 주도하에 이루어진 스위스 제네바의 종교개혁은 교황과의 관계를 끊었고, "어둠 후에 빛이 온다"(post tenebras lux)는 문구를 도시의 표어로 채택하여, 종교개혁에 가담하였습니다.

위해 면죄부 판매를 장려하였습니다.

중세 로마가톨릭교회는 고백하지 못하거나 용서받지 못한 죄에 대한 형벌을 두려워하는 자들의 집합소라 할 수 있습니다. 하나님의 의로운 심판 앞에서 두려워 떠는 존재로서 사람들의 주 관심사는 '어떻게 하면 형벌을 피할 수 있느냐'에 집중되어 있었습니다. 하지만 충격적인 것은 그 하나님의 진노에 대한 두려운 감정을 이용한 로마가톨릭교회의 수익구조가 바로 면죄부 판매였습니다. 바로 그 면죄부를 통한 로마가톨릭교회의 위로가 거짓임을 만천하에 드러냈던 것이 바로 루터의 '95개조 반박문', 즉 원제목 '면죄부의 능력과 효용성에 관한 토론'으로, 표면적으로는 면죄부 판매의 부당성에 대한 내용을 지적하고 있지만, 내면적으로는 진노의 하나님이 아니라 은혜의 하나님을 소개하고 있습니다.

## 2) 전염병 공포

유럽 인구의 1/3(약 2,500만 명)을 앗아간 흑사병(1347-1353)은 인간의 죄를 향한 하나님의 의로운 심판으로 간주 되었습니다. 흑사병은 다시 1519년에 유럽 전 지역을 휩쓸었는데, 당시 취리히는 시 인구의 1/4(약 2,000명)이 목숨을 잃었고 성도들을 심방을 하던 츠빙글리 역

---

77) 면죄부의 가격은 신분에 따라 차이가 있습니다. 임금, 왕후, 대감독은 금화 25풀로린, 수도원장, 고위 성직자, 고위 귀족 등은 금화 20풀로린, 하위 성직자들과 귀족들은 금화 6플로린, 평민들은 1/4 플로린으로 면죄부를 구입했습니다. 평민을 기준으로 할 때, 1/4 플로린은 지금의 화폐로는 10만 원 정도(약 6개월 월세 비용)로 평민들의 몇 달간 수입을 고스란히 바쳐야 구입할 수 있는 돈입니다. 참고로, 독일 브란덴부르크의 알버트(Albert of Brandenburg)이 8년간 거둬들인 면죄부 판매 수익은 오늘날 화폐로 약 90억에 이른다고 합니다.

시도 감염되어 몇 개월간 사경을 헤매다 회복되었습니다. 츠빙글리는 자신이 구사일생으로 살아난 것은 하나님의 은혜임을 고백하며 '페스트의 노래'라는 찬송시까지 지어 불렀습니다.[78]

루터 역시도 자신의 수도원 집을 흑사병에 걸린 환자들을 치료하는 데 사용하였습니다. 그때 루터는 브레스라우(Bresla)의 목사인 요한 헤스(Johann Heß, 1490-1547)로부터 질문을 받았습니다. 그 질문은 치명적인 흑사병이 덮칠 때 과연 목회자도 본인이 살기 위해 교회를 떠나 타지로 피할 수 있는가?"였습니다.[79] 그에 대한 답변이 바로 루터가 발표한 『치명적 흑사병으로부터 도망칠 수 있는 것인가?』라는 소책자입니다.[80] 루터의 대답은 분명했습니다. 전염병은 하나님의 작정 안에 있지만, 그것을 퍼뜨리는 것은 마귀의 행동이니, 그것을 피

---

78) Amy Nelson Burnett, Emidio Campi, *A Companion to the Swiss Reformation* (Leiden: Brill, 2016), 69. 츠빙글리의 '페스트의 노래'는 세 부분으로 구성되어 있습니다: 병의 시작, 죽음의 임박, 회복의 기쁨. 1522년 취리히 찬송가는 이 찬송을 "흑사병의 공격을 받은 츠빙글리를 통해 만들어진 교회 찬송가"라고 설명하고 있습니다. "주 하나님, 위로하소서. 이 질병에서 도와주소서. 죽음이 문 앞에 있습니다. 그리스도여, 죽음과 싸워 주소서. 당신은 죽음을 이기셨습니다. 당신에게 간절히 부르짖습니다. (생략) 이제 마지막이 가까이 왔습니다. 내 혀는 굳어졌고 더 이상 한마디 말도 할 수 없습니다. 제 감각은 완전히 굳어버렸습니다. 이제 당신이 저를 위해서 계속해서 싸울 시간입니다.(생략) 저를 회복시켜주십시오. 주 하나님, 저를 회복시켜주십시오. 제가 다치지 않고 돌아왔습니다. 그렇습니다. 만약 당신이 이 땅에 있는 저를 죄의 불꽃이 더 이상 사로잡지 못할 것이라고 믿으실 때, 내 입술은 항상 그렇듯이 순수하고 숨김없이 당신을 향한 찬양과 당신의 가르침을 그 어느 때보다도 더 많이 선포할 것입니다. (생략) 저는 이 세상의 폭압과 폭력에 맞서서 그 어떤 두려움도 없이, 천국에서 받을 상을 바라보면서 당신의 도움만을 의지하여 참을 것입니다."
79) Joseph P. Byrne, *Encyclopedia of the Black Death* (Santa Barbara, CA: ABC-CLIO, 2012), 219.
80) Martin Luther, "Whether one may flee from a deadly plague." *Luther's Works*, Vol. 43. Minneapolis: Fortress Press, 1968. 참조 Martin Luther, *Fleeing Plague: Medieval Wisdom for a Modern Health Crisis* (Minneapolis: Fortress Press, 2023).

해 도망하는 것은 불신앙이 아니라는 것이었습니다. 또한 약을 먹고 집안을 소독하고 사람과 거리를 두며 지내라 권면하였습니다. 그러지 않는 자는 마치 자살하려는 것과 마찬가지일 뿐 아니라 자신의 무지와 태만으로 이웃이 죽임을 당하게 하는 것이라 하였습니다.[81] 루터는 '하나님을 시험하지 말고 신뢰하라'라고 권면하며, 구원의 은혜를 베푸시는 하나님을 믿음으로 바라보게 하였습니다.

## 2. 영광의 신학

중세 로마가톨릭교회의 신학이라 일컬어지는 '영광의 신학' (Theology of Glory)[82]은 하나님의 본질을 그의 보이는 사역을 통해 그의 보이지 않는 본질을 보고자 하는 신학입니다. 하지만 영광의 신학은 인간적 방법으로 하나님을 생각하고 판단하여, 그의 은혜를 축소하여 인간적인 요소로 만들어 버렸습니다. 그렇기에 인간적인 사고의 결과로 선한 행위에 근거한 공로주의 구원론에 이르게 되었습니다.

---

81) 박경수, "흑사병에 대한 종교개혁자들의 태도," 코로나-19 회복을 위한 신학적 성찰 시리즈: 1, 2020. 루터는 다음과 같이 말합니다. "집에 불이 났을 때 하나님의 심판이라며 가만히 있어야 하는가? 물에 빠졌을 때 수영하지 말고 하나님의 심판이라며 익사해야 하는가? 다리가 부러졌을 때 의사의 도움을 받지 말고 '이건 하나님의 심판이야. 저절로 나을 때까지 참고 버텨야 해'라고 해야 하는가? 그렇다면 배고프고 목마를 때 왜 당신은 먹고 마시는가? 이제 우리는 '우리를 악에서 구해주소서'라는 주기도문을 암송해서는 안 되는가? 만일 누군가가 불이나, 물이나, 고통 가운데 있다면 나는 기꺼이 뛰어들어 그를 구할 것이다."
82) Gerhard O. Forde, *On Being a Theologian of the Cross: Reflections on Luther's Heidelberg Disputation, 1518* (Grand Rapids: W.B. Eerdmans, 1997), 15. "하나님의 영광은 하나님의 은혜와 능력으로 임합니다. 영광의 신학의 영광은 신성한 영광을 찬탈하려는 타락한 피조물에 의해 만들어지고, 추구되고, 전유됩니다."

로마가톨릭교회도 은혜를 가르치며, 특별히 미사와 고해성사 등의 성례를 통한 은혜의 주입을 강조하였습니다. '초자연적 의'가 성례를 통해 신자에게 주입되고, 그 은혜에 기초하여 의로운 삶을 살게 된다는 것입니다. 그것이 바로 '은혜 최우선주의'(gratia prima)입니다. 주입된 은혜와 의로 말미암아 거룩한 삶을 살아가게 된다는 것입니다. 즉, 가장 앞서서 주입된 은혜로 말미암아 변화된 신자의 의지가 선한 삶을 유지해 나갈 수 있기에, 그들에게 은혜는 전부가 될 수 없고, 단지 시작이나 원인에 지나지 않는 것입니다. 그렇기에 구원에 있어서 신인협력(神人協力)의 요소가 은혜 최우선주의에서 나타나는 것입니다. 엄밀하게 말하면, 로마가톨릭교회는 신자를 향한 모든 은혜와 공로의 무한한 보고였고, 교회는 사제를 통해 은혜와 공로를 나눠줄 권한이 있다 하였습니다.

그뿐 아니라, 영광의 신학은 전적 타락을 거부하며, 인간의 지성과 행위를 통한 하나님과 그의 뜻을 발견하고 스스로 의롭게 될 수 있음을 가르칩니다. 하지만 루터는 인간의 이성으로는 숨어계신 하나님과 감추어진 그의 뜻을(히 12:11) 결코 발견할 수 없음을 인정하였습니다. 루터는 "십자가는 모든 것을 시험한다(Crux probat omnia)"라는 말로 오직 십자가를 통한 하나님의 이해를 강조하며, 오직 하나님께서 그의 십자가를 통해 자신을 계시하셨기에 오직 십자가에 집중해야 함을 강하게 말하였습니다.[83]

종교개혁자들은 '오직 은혜'(Sola Gratia)를 구원의 전 과정으로 강조

---

83) 알리스터 맥그래스, 『루터의 십자가 신학』, 정진오·최대역 공역 (서울: 컨콜디아사, 2001), 173.

하였습니다. 루터는 은혜의 주입 개념은 고린도전서 15:10의 "내가 한 것이 아니라 하나님의 은혜로 된 것이라"는 말씀을 왜곡 번역한 결과라 지적하였습니다. 루터는 그리스도의 십자가에서 하나님의 은혜를 보게 하였습니다. 루터는 그의 95개조 반박문 58항과 하이델베르크 논쟁(Die Heidelberger Disputation, 1518) 19-24에서 십자가 신학을 집중적으로 다룹니다. 루터는 "오직 십자가만이 우리의 신학이다."(Crux sola est nostra theologia)라고 주장했습니다.[84] 그리고 이어서 로마가톨릭교회의 신학을 '영광의 신학'이라 명하고 비판하였습니다. 영광의 신학자들은 그리스도를 알지 못하기 때문에 현재의 고난 이면에 있는 하나님의 감추어진 뜻을 알지 못한다는 것입니다. 즉 계시의 간접성과 감추어짐입니다.[85] 로마가톨릭교회의 주입된 의와 은혜에 근거한 공로주의는 하나님의 진노를 두려워하게 하였지만, 종교개혁자들의 전가된 의와 은혜에 이신칭의는 하나님의 자비와 사랑을 감사케 하였습니다.

그렇다면 은혜로 말미암는 구원에서 '오직'이 첨가된 이유는 무엇일까요? 세 가지를 들 수 있습니다. 첫째, 로마가톨릭교회의 교황주의자들을 대적하기 위함입니다. 우리는 교황주의자들처럼 '믿음 때문에'가 아니라 '믿음으로 말미암아' 혹은 '믿음으로' 의롭다고 함을 인정받되, 그 의로움은 우리 안에서가 아니라 우리 밖에서 전해진 의로움임을 강조하기 위함입니다.

---

84) 맥그래스, 『루터의 십자가 신학』, 15. 참고 WA 5.176.32-3.
85) 베른하르트 로제, 『마틴 루터의 신학』, 정병식 역 (서울: 한국신학연구소, 2018), 302-304.

둘째, 우리의 최고의 행위들조차도 하나님의 율법에 절대적으로 완전히 일치하지 않기 때문입니다. 우리가 행하는 개별적인 선행 자체가 우리의 모든 죄악을 씻을 만큼의 의가 되지 못하기에 칭의의 원인이 되지 못하는 것입니다. 행위 구원을 주장하는 자의 두 가지 핵심 주장은 우리의 선한 행위가 결국 우리의 공의가 되며, 선행에 대한 상급으로 하나님의 상급인 영생을 받게 된다는 것입니다. 만약 행위로의 구원이 가능하게 된다면, 그리스도의 죽음은 헛되게 되고, 그리스도께서 완전한 구주가 되실 수 없게 될 것입니다.

셋째, 우리로 감사의 열매를 맺게 하기 위함입니다. 참된 그리스도인의 신앙생활에 있어서 선행이 필수적입니다. 그 이유는 참된 믿음이 그리스도의 공로를 우리 자신에게 적용하는데 필수적인 도구요 수단적 원인이라면, 선행은 그리스도의 공로와 의를 향한 우리의 믿음 그 자체를 증명해 주는 것뿐만 아니라, 뭇 사람들에게는 하나님께 올려드리는 감사와 영광이 되기 때문입니다. 믿음은 그리스도의 의를 취하는 수단이라면, 선행은 우리의 믿음과 감사의 증거들로써 필수적입니다.

## 3. 은혜의 중심

로마가톨릭교회와 종교개혁교회가 외적으로 드러나는 가장 두드러진 차이는 바로 '예배의 중심'에서 나타납니다. 로마가톨릭교회는 모든 공간이 미사에 집중되어 있기에 그들의 단 중심에는 미사대가 놓여 있습니다. 미사(missa)[86]는 로마가톨릭교회의 칠 성례 중 하나인 성체성사 중심의 전례 양식입니다. 미사는 사제를 통해 그리스도께서 내려오셔서 빵과 포도주로 만나시고 함께 하시는 신비가 일어나는 곳입니다. 즉, 미사는 예수 그리스도의 최후 만찬을 재현하고, 그의 십자가 희생을 기념하고 현재화하는 제사입니다. 그렇기에 성체성사로써 미사는 하나님께 바치는 최상의 예배가 되며 "그리스도교 생활 전체의 원천이요 정점"[87]이오 "가톨릭 신앙의 요약이자 집약"[88]이 됩니다.

　하지만 종교개혁교회는 로마가톨릭교회의 모든 성화와 성상들을 다 제거하였습니다. 그래서 성화가 제거된 벽면과 성상이 제거된 받침대가 표면적으로 드러났습니다. 그중에서도 가장 핵심적인 것은 바로 제단으로써 미사대를 옆으로 치워버리고, 설교 강대상을 중심으로 옮긴 것입니다. 특별히 높은 설교단은 하나님의 말씀이 위에서 아래로 선포되고 있음을 보여주었습니다. 종교개혁교회는 로마가톨릭교회의 비성경적 요소를 제거하는 데 그치지 않고 성경적 요소를 회복하는 데까지 나아갔습니다. 로마가톨릭교회는 하나님의 은혜는 사제를 통한 미사에 있었다면, 종교개혁교회는 설교자를 통한 하나님의 말씀 선포에 있었습니다.[89] 하나님께서 그의 교회들에 은혜를 베푸시는 수단은 미신적인 미사가 아니라 하나님의 말씀에 있음을 선

---

86) 미사는 '보내다', '파견하다'는 뜻의 라틴어 'missa'에서 유래하였습니다. 미사를 마무리할 때 사제 혹은 부제는 '이테, 미사 에스트'(Ite, missa est; '가십시오. 나는 그대를 보냅니다')라고 말합니다. 이는 황제 알현이나 법정 재판 후 해산 때 사용된 말입니다. 이후로 교회는 5세기부터 성체성사 용어로 정착하게 되었습니다. 미사를 통해 부여된 은혜로 삶의 현장으로 파송하는 것입니다.
87) 『교회에 관한 교의 헌장』, 제11항.
88) 『가톨릭교회 교리서』, 1327항.
89) 제2헬베틱 신앙고백(the Second Helvetic Confession, 1562)의 저자인 하인리히 불링거는 하나님의 말씀이 정확하게 분석되고 선포되었을 때, 하나님은 권위 있고 강력한 방식으로 설교자의 말을 통해 그의 백성에게 말씀하신다고 하였습니다.

포한 것입니다.

1522년에 루터가 바르트부르크성에서 비텐베르크로 돌아왔을 때, 그는 자신이 로마가톨릭교회로부터의 개혁은 오직 하나님의 말씀을 단순히 가르치고 설교하는 것으로 시작되고 마무리됨을 말했습니다.[90] 그는 오직 하나님의 말씀이 모든 것을 다 하셨음을 고백한 일화는 은혜의 방편으로써 말씀의 권위가 어떠했는지를 보여줍니다. 종교개혁자들은 오직 성경에 근거하여 은혜의 교리를 재구성하였고, 이신칭의의 복음은 오직 은혜로 가능함을 확신케 하였습니다. 이 은혜의 복음은 공포심에 사로잡혀 있던 성도들에게 참된 구원에 이르는 소망을 심겨주었고, 오직 믿음과 오직 은혜를 고백하게 하였습니다.

## 4. 도르트 신경: 오직 은혜로의 구원

16세기 종교개혁이 이신칭의 교리로 인한 로마가톨릭교회와의 구원론 논쟁이라면, 17세기는 개혁교회 안에서 구원론 논쟁이 일어났습니다. 바로 그 구원론 논쟁에 대한 역사적 사건이 네덜란드 도르트레흐트(Dordrecht)에서 개최한 '도르트 총회'(The Synod of Dort, 1618-1619)입니다. 이 총회에서 채택한 '도르트 신경'[91]을 지금 우리가 신조

---

90) 참고. Jean Henri Merle d'Aubigne, 『마틴 루터 1521-1522』, 남태현 역 (서울: e퍼플, 2020).
91) 도지원, 『도르트 신경: "오직 은혜로 구원"을 말하다 (수원: 합동신학대학원출판부, 2019), 17-27. 도르트신경은 5조로 구성되어 있습니다. 제1조는 선택과 유기를 다루고, 제2조는 그리스도의 죽으심과 그로 인해 구속받은 인간을 다루며, 제3-4조는 인간의 전적 타락과 효과적인 소명과 회심을 다루고, 마지막 제5조에서 견인 교리를 다룹니다.

로 받아들이고 있는데,[92] 그 논쟁의 핵심은 바로 은혜로 인한 구원 여부입니다.

이 논쟁의 시작은 레이든대학 교수였던 야코부스 아르미니우스 (Jacob Arminius, 1560-1609)가 당시 네덜란드의 개혁주의 구원론 비판에서 시작되었습니다. 그 후 1610년에 궁정 목사 요한 위텐보가르트 (John Uytenbogaert, 1557-1644)와 43명의 알미니안주의자들이 5개조의 항론서(Remonstrance)를 제출했습니다. 그들은 자신들의 구원론을 5가지로 요약하여 천명했는데, 1) 예지에 근거한 조건적 선택, 2) 무제한적 속죄, 3) 부분적 타락, 4) 저항할 수 있는 은혜, 그리고 5) 은혜로부터의 타락 가능성입니다. 이에 근거하여 당시 네덜란드 교회가 공식적으로 받아들인 '벨기에 신앙고백'과 '하이델베르크 요리문답'의 내용을 자신들의 입장대로 수정해, 줄 것을 요청했습니다. 하지만 도르트 총회는 항변파의 손을 들어주지 않았고, 개혁파의 구원론을 고수하였습니다. 그 은혜로 인한 구원론을 일컫는 TULIP은 구원에 관한 다섯 개의 교리의 첫 글자를 딴 것입니다. '전적 타락'(Total Depravity)의 T, '무조건적인 선택'(Unconditional Election)의 U, '제한속죄'(Limited Atonement)의 L, '저항할 수 없는 은혜'(Irresistible Grace)의 I, '성도의 견인'(Perseverance of the Saints)의 P입니다.

---

92) 도르트 총회는 '아르미니우스주의자들' 혹은 항의하였다 해서 '항변파'가 제기한 5가지 신학적 문제 때문에 열렸습니다. 항변파들의 요청은 바로 『벨기에신앙고백』과 『하이델베르크요리문답』을 자신들이 제안한 대로 변경해 줄 것을 요청했습니다. 그런 측면에서 도르트총회는 정통교리와 항변파의 교리 양자를 향한 재판적인 성격을 지녔었는데, 결국 총회는 개혁파의 손을 들어주었습니다. 도르트 총회는 항변파를 거부하는데 그치지 않고, 항변파가 주장한 그 다섯 주장에 대한 개혁파 입장의 정설을 내세웠는데, 그것이 바로 '도르트신경'입니다.

첫째, '전적타락(全的墮落)'입니다. 인간의 타락한 본성은 첫 사람 아담과 하와의 불순종의 죄악에서 기인하고, 우리는 잉태되는 그 순간부터 죄인으로 태어나며, 너무 부패하여 성령님으로 거듭나지 않는 한 타락한 존재로 계속 머무르게 됩니다. 전적 타락은 범위에 있어서 전적으로 부패했으며, 의지에 있어서 전적으로 무능력함을 말합니다.

둘째, '무조건적선택(無條件的選擇)'입니다. 무조건적 선택이 의미하는 바는 하나님께서 우리를 구원하고자 하실 때 우리에게는 어떠한 행위나 조건이 없으며, 모든 사람이 아니라 하나님께서 창세전에 조건 없이 택하신 자들만이 구원받게 됩니다. 성경은 구원에 있어서 혹자는 구원하기로 예정하시고, 혹자는 유기하기로 예정하신 이중 예정을 말하고 있습니다. 그렇기에 하나님께서 우리를 선택하심은 우리의 선행을 미리 아시고 미리 보시고 예지 예정하신 것이 결코 아닙니다. 오히려 선행은 선택의 원인이 아니라 결과가 됩니다.

셋째, '제한속죄(制限贖罪)'입니다. 도르트신경의 구원에 관한 5대 교리 중 가장 심각한 논쟁과 혼동이 있어 오던 교리가 바로 제한 속죄 교리로, '속죄의 가능성이냐, 속죄의 실제성이냐'와 '속죄의 범위가 모든 인류냐 선택받은 자들이냐' 논쟁이었습니다. 속죄의 범위는 속죄의 의도에 놓여 있습니다. 제한속죄는 모든 사람이 아니라 오직 택함을 받은 자들을 위해 그리스도께서 죽었고, 그 구원의 은혜는 가능성이 아니라 효과적이고 실제적입니다.

넷째, '불가항력적은혜(不可抗力的恩惠)'입니다. 도르트신경 제3-4조의 불가항력적 은혜는 인간의 전적타락과 긴밀히 연관됩니다. 불가항력적 은혜 교리가 말하고자 하는 것은 인간이 구원으로의 부르심과 그 은혜를 거부할 수 있느냐를 따지는 것입니다. 불가항력적 은혜 혹은 유효한 부르심은 우리의 구원에 있어서 하나님의 주권적 은혜가 전적임을 강조합니다. 이는 인간의 전적 타락과 전적 무능력을 전제로 할 때 충분히 이해할 수 있습니다.

다섯째, '성도의 견인(聖徒-堅忍)'입니다. 성령님으로 말미암아 전적으로 거듭나서 그리스도에게 참되게 회심한 자는 다시는 진노와 파멸의 자녀가 될 수 없다는 것입니다. 견인교리는 선택교리의 당연한 결과입니다. 견인교리의 참된 의미는 두 가지입니다. 첫째, 우리가 한 번 믿기만 하면 구원이 확실해져 버린다는 것이 아니라, 우리가 참으로 믿으면 거룩함 가운데서의 견인이 확실케 된다 입니다. 둘째, 구원을 위해 우리 편에서 지속적인 노력이 필요 없다는 것이 아니라, 우리 편에서 보이는 지속적인 노력이 있을 때 우리가 성공적인 구원을 확신할 수가 있다 입니다. 이 역시 하나님께서 우리 안에서 행하시는 일의 결과이기 때문입니다.

우리는 전적으로 타락한 존재에 불과함을 인정하고, 우리 편에서 아무 공로도 영광도 없음을 겸허히 받아들일 때, 하나님께서는 예수 그리스도의 십자가를 통해 그의 영원한 속죄의 은혜로 우리를 부르십니다. 그 저항할 수 없는 은혜는 항상 효과적이며, 그 효과적인 은혜가 우리로 끝까지 그 신앙을 지키게 하시고 하늘 소망 가운데 인내하는 힘을 소유하게 합니다.

## 5. 하이퍼 칼빈주의

하이퍼 칼빈주의(Hiper-Calvinism)는 하나님의 주권에 대한 극단적인 믿음을 강조하여, 인간의 자유의지에 따른 성화의 삶과 복음전도를 무용지물로 만들었습니다.[93] 이들은 하나님께서 택하신 자는 반드시 구원을 받는다는 생각에 사로잡혀 구원의 열매인 성화의 삶에 전혀 신경 쓰지 않았습니다. 하지만 그들이 표준문서로 받아들이는 『웨스트민스터 신앙고백』은 구원을 받은 자는 참된 거룩의 생활을 하게 되고, 이 거룩한 생활 없이는 아무도 주님을 보지 못함을 말하며, 구원의 열매로써 성화의 삶을 분명히 말하고 있습니다. 한 손으로 선택교리와 성도의 견인교리를 강하게 붙들었다 하더라도, 다른 한 손으로 하나님의 은혜에 따른 거룩한 삶을 향한 권고를 붙들어야 합니다. 왜냐하면 칼빈 역시도 선택의 목표가 신자의 성화에 있으며, 택함을 받음에 대한 감사의 태도는 거룩한 삶을 향한 신실함으로 나타남을 이사야 41:8 해설에서 말하고 있기 때문입니다. 그뿐 아니라, 신앙고백을 통해 교회에 들어왔지만 진정한 거룩의 옷을 입지 않고 열매로 신앙을 증명하지 않는 자를 비판하고 있습니다.[94]

---

93) Peter Toon, *The Emergence of Hyper-Calvinism in English Nonconformity 1689-1765* (Eugene: Wipf & Stock Publishers, 2011), 144-146. 윌리엄 캐리의 일화가 하이퍼 칼비니즘의 생각을 고스란히 보여줍니다. 1787년 영국의 목회자 모임에서 윌리엄 캐리는 인도로 선교사로 가고 싶다는 소망을 공식적으로 발표했을 때, 한 목사가 이렇게 말했습니다. "이보게, 젊은이 자리에 앉게나 하나님이 이방인들의 회심을 기뻐하신다면 자네나 내가 나서지 않더라도 그렇게 하실 걸세."
94) *Inst.* III.21.8.

# 결론

　오직 은혜 교리는 개혁교회의 구원론에 핵심 사상입니다. 『하이델베르크 요리문답』 제60문은 하나님 앞에서 어떻게 의로워질 수 있는지를 다루며, 오직 그리스도, 오직 믿음, 그리고 오직 은혜를 말하고 있습니다. 의로워질 수 있는 유일한 방법은 오직 예수 그리스도를 믿는 참된 믿음으로 가능합니다. 하지만 요리문답은 타락한 인간의 본성적 성향을 정확하게 지적합니다. 모든 악을 향하여 기울어지는 성향입니다. 하나님 앞에서 우리의 양심은 우리가 죄인임과 동시에 공로 없음을 고소합니다. 그렇기에 하나님께서 오직 은혜로, 그리스도의 완전한 속죄, 의, 그리고 거룩을 우리에게 선물로 주십니다. 오직 믿음으로 오직 그리스도가 성취한 모든 유익에 참여케 됩니다.

　믿음으로 말미암아 전가 된 의가 우리의 공로가 아닙니다. 우리는 하나님의 선물인 믿음으로 말미암아 전가되는 의를 받을 뿐이고, 우리에게 발견되는 모든 선한 것은 모두 그리스도의 공로가 적용된 결과에 따른 열매일 뿐입니다. 즉, 칭의의 수단적 원인이 우리의 믿음에 있다 하더라도, 근원적 원인은 하나님의 긍휼하심에 있고, 형식적 원인은 그리스도의 보상에 있기에 오직 은혜를 말하는 것입니다. 왜냐하면 나의 믿음의 가치로 인해 하나님 앞에서 의롭다고 여겨지는 것이 아니며, 그리스도의 공로를 받아들이는 것 그 이상이 아니기 때문입니다. 그리스도의 속죄와 의와 거룩함이 나의 의로 여겨지기 때문입니다(제61 문답).

　종교개혁자들의 오직 은혜 교리는 로마가톨릭교회의 구원론에 속박되어 있던 중세 교회 성도들을 해방하였습니다. 종교개혁자들은 심판주 하나님에서 아버지 하나님을 보여주었습니다. 종교개혁자들은 오직 성경의 가르침인 오직 믿음을 통한 오직 은혜에 의한 구원 교리로 돌아갔습니다. 이 은혜 교리는 전적 타락, 무조건적 선택, 제한 속죄, 불가항력적 은혜, 그리고 성도의 견인을 담고 있습니다. 그렇다고 해서 하나님의 은혜에 의한 구원은 결코 값싼 은혜와 복음을 말하는 것이 아닙니다. 하나님께서는 절대적인 의를 요구하셨고, 그 의는 참 하나님이시오, 참사람이신 독생자 예수 그리스도의 무한한 희생을 통해 성취되었고, 그 전가 된 의로 말미암은 것입니다. 하나님께서는 결코 그의 공의를 외면하거나 훼손하면서 우리를 구원하신 것이 아니라, 그리스도를 통해 그의 공의를 충족하고 구원을 베푸셨습니다. 그리스도의 십자가는 하나님의 은혜뿐 아니라 우리의 죄를 향한 심판도 보여주기 때문입니다. 그것이 은혜입니다. 다시 오직 은혜를 외칩시다! 아멘!

### 나눔을 위한 질문
- 당신은 은혜받으셨습니까? 당신에게 은혜란 무엇입니까?
- 당신은 진정 하나님으로부터 참된 위로를 얻고 계십니까?

# The Five Solas 5 _ Soli Deo Gloria

## 『오직 하나님께 영광을 외치다』

### 서론

우리는 지금까지 오직 성경, 오직 그리스도, 오직 믿음, 오직 은혜의 내용을 간략히 살펴보았습니다. 이 내용들을 종합하여 한마디로 정리하면 '오직 하나님께 영광'입니다.[95] '하나님의 영광'은 중세 로마가톨릭교회에서도 지속적으로 외쳐진 말이었지만, 그들이 말하는 영광은 하나님 중심이 아니라 교황 중심의 교권주의에서 나온 발언이었습니다. 그들은 인간의 존재 목적 차원에서 하나님의 영광을 말하는 듯하지만, 그 근본 동기와 결과는 인간의 공로 사상과 로마가톨릭교회의 교리에로의 일치였습니다.

먼저, '솔리 데오 글로리아'(*Soli Deo Gloria*)의 뜻부터 정의하고자 합니다. 일반적으로 '솔리 데오 글로리아'는 '오직 하나님께 영광'으로 해석되어 왔습니다. 하지만 이 해석은 자연스럽게 인간이 '주체'가 되어 하나님께 영광을 돌리는 개념으로 이해가 됩니다. 하지만 좀 더 바른

---

95) David Vandrunen, *God's Glory Alone: The Majestic Heart of Christian Faith and Life* (Wheaton: Crossway, 2015), 14. 데이비드 판드룬넌은 Soli Deo Gloria 는 "솔라를 함께 묶는 접착제"라고 명명하였습니다.

해석은 하나님이 '주체'가 되는 '오직 하나님께만 영광이' 입니다.[96] 왜냐하면 '영광'(*gloria*)은 하나님께(여격) 돌려드려야 하는 '목적격'이 아니라 '주격'이기 때문에, '영광이 오직 하나님께만 있다'가 보다 정확한 번역인 것입니다. 다시 말해, 영광을 목적어로 해석하면 하나님의 영광은 신자에게 달려있고, 주어로 해석하면 하나님 자신에게 달려있게 되는 것입니다.

종교개혁자들은 교황 중심 혹은 사람 중심적 교회에 반대하고 모든 초점을 하나님께로 돌렸습니다.[97] 그리고 하나님 중심적 신앙과 생활로 개혁하였습니다. 그 결과 오직 하나님의 주권과 영광을 강조하였습니다.

## 1. 영광, 하나님의 주권

개혁교회는 이 신학 전통을 16세기 당시 루터파보다 훨씬 강도 높게 성경 중심적 교회를 지향하면서 보다 철저한 개혁을 시도하였습니다.[98] 성경적 원리에 기초하여 인간 중심적 사고와 전통을 배제하

---

96) 황대우, 『칼빈과 개혁주의』 (서울: 도서출판 깔뱅, 2010), 15.
97) H. Henry Meeter, *Calvinism* (Grand Rapids: Zondervan Publishing House, 1939), 30: 로마가톨릭교회는 교회의 보편성을, 루터파는 이신칭의를, 침례교는 중생의 신비를, 감리교는 죄인의 구원을, 그리스정교회는 성령의 신비주의에 치중할 때 칼빈주의자는 항상 하나님 중심 사상을 전면에 내세웠습니다.
98) 개혁신학은 16세기 종교개혁자들의 개혁운동과 그 신학을 통칭하는 용어로 넓게 이해되고 있습니다. 하지만 좁은 의미로는 스위스의 츠빙글리와 칼빈의 종교개혁 운동을 루터의 종교개혁 혹은 루터파의 종교개혁과 구별하기 위해 붙여진 이름입니다. 더 정확히 말해, 루터파의 일치신조에 서명하지 않은 교회들을 '개혁교회'라 불렀습니다. 츠빙글리와 칼빈의 신학 전통을 가리키는 말입니다. 그런데 우리에게 '개혁주의'라는 용어가 너무나도 익숙합니다. 영어에 '개혁주의'라는 용어가 없고, 개혁교단 신학교에서 사용하는 용어 역시도 '개혁주의'가 아니라 '개혁신학'입니다.

고, 하나님 중심으로 교회의 신앙과 생활을 개혁하는 것이 개혁교회의 지향점이었습니다. 헤르만 바빙크(Herman Bavinck, 1854-1921)는 칼빈주의의 기본 원리인 "하나님의 절대 주권에 대한 신앙고백"을 모든 칼빈주의자들의 사상과 행동의 출발점으로 보았습니다.[99] 그는 하나님의 주권을 사랑, 의, 거룩과 같은 그의 속성으로 이해하지 않고, 이 모든 속성을 통일하시는 하나님 자신과 그의 완전하심으로 보았습니다. 바로 그러한 관점에서, 개혁신학은 단순히 교회관뿐 아니라 신관과 인간관과 우주관에 이르기까지 하나님의 절대주권을 강조하며, 하나님과 인간의 관계를 규명하는 신학입니다.

중세 로마가톨릭교회 시대에도 신학을 '학문의 여왕'[100]이라 부르며, 모든 학문이 '하나님의 본질은 무엇인지', '하나님의 뜻은 무엇인지'를 발견하는 것에 그 목적을 두었습니다. 그렇기에 모든 학문은 항상 하나님에 대한 우리의 이해에 비추어 학문성이 추구되었습니다. 성경이 말하는 관점으로 세상을 이해하고 조망하는 것이 기본자세였습니다.

오직 성경에 원천을 둔 신학은 모든 학문의 최고봉이 될 수 있었습니다. 우리는 또한 오직 성경만이 우리의 신앙과 생활의 유일한 법칙임을 고백합니다. 특별히 '우리'의 신앙과 생활이라 해서 신앙의 중심

---

99) Herman Bavinck, *The Future of Calvinism*, The Presbyterian and Reformed Review, No.17. Jan. 1894, 3-4.
100) R. C. 스프로울, 『모든 사람을 위한 신학』, 조계광 역 (서울: 생명의말씀사, 2015), 11-12. "신학은 하나님에 관한 지식을 탐구하는 학문입니다. ... 경제학, 철학, 생물학, 수학 등 우리가 배우는 학문은 모두 하나님의 성품이라는 포괄적인 현실에 비추어 이해되어야 합니다. 이것이 중세시대에 신학을 '학문의 여왕'으로 일컬은 이유다. 오늘날에는 학문의 여왕이 추방되었거나 면직된 상태이고 다른 것이 그 자리를 차지했다. 그리고 사람들은 신학을 종교로 대체했다."

이 인간이라는 말이 결코 아닙니다. 오늘날 우리는 하나님에 대한 지식과 앎보다는 인간에 대한 지식과 학문적 연구에 더 많은 관심을 가지는 경향이 짙습니다. 성경의 초점은 다른 것에 있는 것이 아니라, '신학' 그 자체인 '하나님을 아는 지식', '하나님에 대한 지식'에 있습니다. 신학은 하나님에 대한 지식임과 동시에 하나님의 창조 목적 가운데 우리의 삶이 어떠해야 하는지를 알려줍니다. 그렇기에 성경에 기초한 개혁신학은 인간에 관한 관심으로부터 출발하거나, 인간이 신학의 중심에 서지도 않습니다. 개혁신학은 철저히 하나님으로부터 시작하고, 하나님으로 말미암고 하나님께로 돌아가는 것입니다. 모든 만물의 배후에 항상 하나님께서 있으심을 볼 줄 아는 자가 개혁신앙을 소유한 자입니다.

우리는 하나님을 아는 지식에 집중하여, 그 지식 안에서 우리의 삶을 조명해야 합니다. 하나님을 바로 알 때, 우리가 그리스도 안에 거하게 될 때, 우리가 구원받아 영생을 소유하게 될 때, 우리는 우리 자신을 알 수 있고, 우리의 삶이 어떠한지를 알 수 있기 때문입니다. 우리는 하나님의 형상으로 지음을 받은 피조물입니다. 그 지식 안에서 우리의 삶이 이해되지 않고서는 결코 우리는 우리 자신에 대해 알지 못합니다. 하나님 중심으로 우리의 모든 순간을 해석하는 것이 신앙입니다. 하나님 중심으로 우리의 삶의 존재 목적과 이유를 해석하는 것이 우리 신앙의 출발점이라 할 수 있습니다. 철저한 하나님 중심 원리와 절대적 하나님 주권의 원리로 우리의 신앙과 생활을 실천하면 우리는 어떻게 될까요? 우리는 하나님께 영광을 돌릴 수밖에 없습니다.

그렇다면 하나님께서는 영광 그 자체이신데, 영광이 부족해서 우리로부터 영광을 받으셔야 할까요? 결코 아닙니다. 하나님께서는 우리로 인해 그의 영광이 더해지거나 완전해지는 것이 아닙니다. 우리가 그의 영광을 인정할 뿐입니다. 하나님께서 그의 피조물들을 통해 영광 받으시길 원하시기 때문입니다.

하나님의 영광은 특별히 하나님의 형상으로 지음을 받은 우릴 통해 인정받길 원하십니다. 그렇기에 하나님과 우리와의 관계를 이해할 필요가 있는데, 그것은 구원에 있어서 하나님의 절대주권과 예정론으로 우리의 관심을 이끄는 것입니다. 특별히 칼빈에게 예정론은 하나님의 주권에 대한 전제가 아니라 결론적 신앙고백이었습니다. 왜냐하면 칼빈은 예정론을 믿음, 중생, 그리고 칭의 다음에 위치시키며 사색적 추론이 아닌 실제적 상황에 두기 때문입니다.[101] 1539년판 『기독교강요』에서 칼빈은 구원론적 맥락에서 그의 예정론을 이중 예정으로 설명하며, 모든 사람이 같은 상태로 창조된 것이 아니라, 어떤 사람은 영원한 생명으로, 다른 사람은 영원한 저주로 예정되었다 하였습니다.[102] 여기서 중요한 점은 칼빈은 삼위일체의 경륜적 사역에 기반하여 예정의 원인을 하나님의 뜻으로, 무조건적 선택을 그리스도 안에서의 선택으로, 그리고 선택과 유기의 표징을 성령의 동행

---

101) Charles Partee, *Calvin and Classical Philosophy* (Leiden: Brill, 1977), 143.
102) *Inst*. III.21.5. "우리는 예정을 하나님의 영원한 작정이라고 부르며, 이 작정에 의해서 하나님께서는 각 사람이 어떻게 되기를 원하신다는 것을 스스로 예정하셨다. 왜냐하면 모든 사람이 같은 상태로 창조되는 것이 아니라, 오히려 어떤 사람들을 위해서는 영생이 예정되며 다른 사람들을 위해서는 영원한 저주가 예정되기 때문입니다. 그러므로 어떤 사람이라도 이 목적들 중의 어느 한 쪽에 이르도록 창조되었으므로, 우리는 그가 생명 또는 사망에 예정되었다고 한다."

유무로 서술하고 있는 점입니다.[103] 그는 그리스도 안에서의 선택을 강조하며 우리 선택의 거울로 묘사합니다.[104] 왜냐하면 오직 그리스도만이 우리가 오직 은혜로 선택되었음을 볼 수 있는 가장 명확한 거울이기 때문입니다. 그렇기에 하나님께서는 그리스도 안에서 선택을 말씀하시며 그의 영광에 압도되게 하십니다.[105]

예정론 안에서 우리가 선택받은 존재임을 깨닫는다면 그 모든 것이 하나님의 자비로운 행위로 인정할 수밖에 없음은 성경이 하나님의 절대주권을 항상 우선시하기 때문입니다. 그런 의미에서 칼빈은 예정론에 대한 지나친 사색과 침묵 두 극단을 경계하였습니다.[106]

첫째는 지나친 사색과 호기심입니다. 울리히 츠빙글리는 그의 유명한 '섭리'(On Providence)에 대한 설교에서 하나님의 우월성과 주권에 대한 연역적 방식으로 추론하여 세속적인 원인 역시도 하나님께서 직접적으로 발생케 한다고 하였습니다. 하지만 칼빈은 하나님은 창조된 질서에서 모든 사건을 일으키거나 일으키지만, 실제 피조물의 인과관계와 모순되지 않는 방식으로 행하심을 말하며 동시성을 말하였습니다.[107] 그런 의미에서 칼빈은 "예정에 대해서 하나님의 말씀이 알려주는 것 이외의 것을 알려고 하는 것은 길 없는 황야를 걸어가려는 것이거나(욥 12:24 참조) 또는 어두운 데서 무엇을 보려고 하는 것

---

103) *Inst.* III.21.7.
104) *Inst.* III.24.5.
105) *Inst.* III.21.3.
106) F. H. Klooster, *Calvin's Doctrine of Predestination* (Grand Rapids: Calvin Theological Seminary, 1977), 25.
107) *Inst.* III.21.1. 칼빈은 츠빙글리를 향해 "다른 점에서는 나쁘지 않은 사람들"로 지칭합니다. 그리고 칼빈은 불링거(Bullinger)에게 보낸 서신(1552.1)에서 츠빙글리의 예정론을 비난합니다.

못지않게 어리석다는 것이다."고 하였습니다.[108] 그렇기에 그는 그리스도인에게 겸손이 요구됨을 역설했습니다.

둘째는 지나친 침묵입니다.[109] 필립 멜랑흐톤(Philip Melanchthon, 1497-1560)은 이중 예정을 인정하지 않았고, 선택 교리에 있어서 지나치게 침묵하였습니다. 이에 칼빈은 신비한 문제를 대하는 온건하고 침착한 태도는 칭찬할만하지만, 선택교리 논쟁을 암초로 여겨 피하거나, 너무 낮은 수준으로 논하는 것은 결코 아무런 유익을 주지 못한다고 비판하였습니다. 지나친 사색에 대해서는 겸손해야 하지만 침묵에 이르러서는 안 된다는 것입니다. 칼빈은 겸손과 침묵의 자세는 구별되어야 하고 짐승과 같은 무지로 만족하지 않아야 함을 지적하였습니다. 칼빈은 극단적인 사색과 침묵 둘 다를 비판하며 하나님의 말씀에 가르침 받고 계시 된 것에 만족하고자 했습니다. 여기서 칼빈은 예정 설교를 너무 많이 한다는 비난을 자주 들은 어거스틴을 들어 반박합니다. "즉 우리는 주께서 비밀로 그대로 두신 것은 탐색해서는 안 되는 동시에, 공개하신 것은 버리지 말아야 한다는 것이다. 그래야 한편으로 과도한 호기심을 가졌다는 비난을 피하면서도 또 다른 한편으로는 너무도 은혜를 모른다는 비난을 피할 수 있다." [110]

우리는 하나님께서 창조주이시고, 그가 창조주로서 이 모든 세상을 향한 절대적인 주권을 소유하고 있음을 인정합니다. 심지어 사단

---

108) *Inst.* III.21.2.
109) *Inst.* III.21.3. Cf. Melanchthon, *Loci theologici* (1535) (CR Melanchthon XXI. 452); Cadier, *Institution I*, 395, note 6.110) *Inst.* III.21.4. Cf. Augustine, *On Genesis in the Literal Sense V.* 3, 6 (MPL 34. 323).
110) *Inst.* III.21.4. Cf. Augustine, *On Genesis in the Literal Sense* V. 3, 6 (MPL 34. 323).

의 악행조차도 하나님께서 허용하셨기 때문에 가능한 것이고, 사단의 헛된 일조차도 결국에는 하나님의 영광을 위한 것이라 고백합니다. 칼빈은 하나님의 영광은 인간 편에서 하나님께 제공하는 무엇인가가 아니라 하나님 자신이 스스로 만물 가운데 드러내시는 자신의 광채라 하였습니다. 이런 측면에서 "오직 하나님께만 영광이"(Soli Deo Gloria)와 더불어 "하나님께 더 큰 영광을"(Ad Maiorem Dei Gloriam)이라는 격언은 모든 영광이 오직 하나님께 속하며, 하나님만이 모든 영광을 받으시기에 합당한 분이심을 분명히 고백합니다.

## 2. 영광, 사람의 존재 목적

우리는 하나님으로부터 언약 백성으로서 영광 돌릴 수 있도록 특권을 부여받았습니다. 우리는 그 영광을 위한 통로요, 그 영광을 위한 수단이 되는 복을 받았고, 그 일을 즐거워하는 우리를 하나님께서 기뻐하십니다. 다시 말해, 하나님께서는 우리가 올려드리는 영광 없이도 스스로 자신의 영광을 받으실 수 있으시지만, 특별히 '우리를 통해' 받으시기를 기뻐하십니다.

중세 시대 때 로마가톨릭교회 역시도 하나님의 영광을 매우 강조하였습니다. 하지만 로마가톨릭교회는 개인의 공로사상과 교황제도의 견고한 권력 유지를 위해 '하나님의 영광'을 도구화하는 데 지나지 않았습니다. 종교개혁자들은 로마가톨릭교회가 자신의 영광, 교황의 영광, 바티칸의 영광을 강조한 것을 거부하였습니다. 종교개혁자들은 그와 같은 로마가톨릭교회에 반대하여 교회 중심, 교황 중심, 교권 중심 사상을 모조리 제거하여 버리고, 오직 하나님 중심, 오직 하나님의 절대 주권만을 인정하고 그에게만 영광을 돌렸습니다. 특별히 개혁교회는 신앙고백 훈련을 통해 하나님께 영광 돌리는 삶을 살도록 교육하였습니다. 다음의 개혁교회의 신앙고백 문서들을 보면 한눈에 알 수 있습니다.

### 제네바 교리문답(1542)[111]

제1문 : 인간의 삶의 제일 된 목적이 무엇입니까?

답: 하나님을 아는 것입니다.

### 스코틀랜드 신앙고백(1560)[112]

제1조 하나님에 관하여: 우리는 유일하신 하나님을 고백하며 또 인정하며 그에게만 의뢰하며 섬기며 그만을 예배하며 그만을 믿습니다. 하나님은 영원, 무한, 불가해, 전능 및 불가시하신 분이며, 본질에 있어서는 하나이면서 동시에 성부, 성자, 성령의 삼위(三位)로 구별됩니다. 우리는 이 하나님이 천지에 있는 모든 것, 보이는 것과 보이지 않는 것 전부를 창조하시고 보존하시며 측량할 수 없는 섭리로써 지배하시며, 그 자신의 영광이 나타나도록 하나님은 만물을 그의 영원한 지혜, 선, 정의로 정하신 것을 고백합니다(창 1:1; 행 17:28; 잠 16:4).

---

111) 존 칼빈, *The Catechism of the Church of Geneva* (1542).
112) 존 낙스 외 5인, *The Scottish Confession* (1560).

## 벨기에 신앙고백(1561)[113]

제1조 유일하신 하나님: 우리 모두는 오직 한 분 하나님께서, 전적으로 단일하고 순전히 영적인 존재이심을 마음으로 믿고 입술로 고백합니다. 그는 영원하고, 완전히 이해될 수 없으며, 보이지 않으시며, 변하지 않으시며, 제한이 없으시고, 전능하십니다. 그는 완전히 지혜롭고, 의롭고 선하시며, 그리고 모든 선이 흘러나오는 원천이십니다.

## 하이델베르크 요리문답(1563)[114]

1문: 사나 죽으나 당신의 유일한 위로는 무엇입니까?

답: 사나 죽으나 나는 나의 몸과 영혼이, 나의 것이 아니고, 신실하신 구주 예수 그리스도의 것입니다. 주께서는 보배로운 피를 흘려 나의 모든 죄 값을 치러주셨고, 마귀의 권세로부터 나를 자유케 하셨습니다. 또한 하늘에 계신 나의 아버지의 뜻이 아니고서는 나의 머리카락 하나도 상하지 않듯이, 과연 이 모든 것이 합력하여 나의 구원을 반드시 이루어주십니다. 그러므로 내가 주의 것이기에 주께서 성령으로 말미암아 내게 영원한 생명을 보증하시고, 나의 온 마음을 다하여 기꺼이 주를 위하여 살게 인도하십니다.

칼빈의 '제1차 신앙교육서'(First Catechism, 1537)는 『기독교강요』 초판(Institutes of the Christian religion, 1536)의 요약이며 개혁된 교회의 정당

---

113) 귀도 드 브레, *Belgic Confession* (1561). 오늘날 개혁교회들은 '벨기에 신앙고백'을 '네덜란드 신앙고백'이라 부릅니다.
114) 자카리우스 우르시누스와 카스파르 올리비아누스, *Heidelberg Catechism* (1564).

성을 증거하는 변증서 역할을 했습니다. 그리고 칼빈은 1538년 4월 제네바를 떠나 스트라스부르그에서 3년 동안 목회한 뒤, 1541년에 다시 제네바로 복귀한 후 '제2차 신앙교육서'(*Second Catechism*, 1542), 즉 '제네바 교리문답'을 작성했습니다. 칼빈은 주제별 서술문으로 작성된 '제1차 신앙교육서'를 마틴 부써(Martin Bucer, 1491-1551)가 사용한 '간략한 요리문답'과 같은 문답식으로 쉽게 작성하되 1년 52주간 교육할 수 있도록 실용적으로 편성하였습니다. 서술 방식과 형식이 문답식으로 간명하게 바뀌었지만, 오히려 내용적으로는 더 교의적이었고, 성령론, 교회 권징론(율법의 제3용도 강조)은 강화되었지만, 인간론, 죄론, 그리고 예정론과 같은 교리들은 축소 혹은 삭제되었습니다.

제네바 교리문답은 하이델베르크 요리문답이 나오기 전까지 가장 중요한 교리문답서로 사용되었고, 하이델베르크 요리문답에도 지대한 영향력을 끼쳤습니다. 특히 내용과 구조에 있어서, 사도신경(1-130), 십계명(131-232), 주기도(233-295), 그리고 성례(296-373)는 하이델베르크 요리문답이 담고 있는 내용과 일치합니다. 이후 웨스트민스터 대요리문답에도 그대로 영향을 주었습니다.

제1문: 사람의 제일 되는 목적이 무엇입니까?
답: 사람의 제일 되는 목적은 하나님을 영화롭게 하고 하나님을 영원토록 즐거워하는 것입니다.

웨스트민스터 대요리문답 제1문답이 제네바 교리문답의 제1문답과 동일한 내용으로 시작되고 있습니다. 특별히 웨스트민스터 신앙고백 제1-2장에서 하나님의 영광을 논한다면, 대소요리문답은 인간의 책임으로서 영광 돌리는 삶의 자세를 다루고 있습니다. 칼빈의 제네바 요리문답이 말하는 하나님의 영광을 위한 사람의 제일 되는 목적은 웨스트민스터 대소요리문답에 그대로 반영되었습니다.

칼빈은 하나님의 영광을 드러내는 '두 권의 책' 중 하나인 '창조'를 하나님 영광의 극장이라고 불렀습니다.[115] 결국 무대의 주인공인 예수 그리스도는 하나님의 형상으로서 결국에 하나님을 드러내며, 우리는 우주라는 계시의 극장에서 배우이자 관객에 지나지 않습니다.[116] 그리고 다른 하나는 '기록된 계시의 말씀'이었습니다. 성경에서 하나님의 영광은 하나님 자신과 그의 일인 창조와 구원을 통해 드러납니다. 하나님께서는 끊임없이 그의 백성들로 하나님의 영광을 위해 살게 하심으로 인해 하나님의 영광이 최우선임을 드러내셨습니다. 우리가 신앙으로 받아들이는 웨스트민스터 표준문서(신앙고백과 요리문답)는 그것을 읽는 신자들로 하나님의 영광으로 향하게 하고 모든 주제가 하나님의 영광으로 가득 차 있음을 깨닫게 합니다. 오직 하나님께만 영광이 있음을 인정하게 될 때 우리는 겸손해질 수밖에 없을 것입니다. 칼빈의 『기독교강요』를 위시한 대부분의 신앙고백은 하나님을 아는 것으로부터 시작되고 있다는 것은, 하나님이 누구신가를 바라보는 것 자체가 우리 자신이 얼마나 타락하고 얼마나 겸손과 거리가 먼 존재인지를 깨닫게 합니다.

---

115) *Inst.* 1.14.20.
116) *Inst.* I.6.2. Abraham Kuyper, *Principles of Sacred Theology*, J. Hendrik de Vries (Grand Rapids: Baker, 1980), 264.116) A. W. Tozer, *The Knowledge of the Holy: The Attributes of God* (Cambridge: Lutterworth Press, 2022), 1.

그 하나님을 바라보는 자인 우리는 하나님의 형상대로 창조된 존재들입니다. 우리는 하나님의 영광을 반사하도록 창조되었습니다. 하나님께서 우리에게 주신 모든 존귀와 영광은 하나님께 속한 것입니다. 오직 그리스도께서 그의 십자가를 통한 겸손이 지극히 높으신 하나님의 영광을 온전하게 드러낸 것처럼, 우리 역시도 영광을 향한 우리의 길은 그리스도를 따릅니다. 우리는 하나님께 영광을 돌리도록 부름을 받았습니다. 그 부르심 가운데 우리가 하는 모든 일은 하나님께서 행하시는 일에 관한 것이며, 그 일이 결국 우리로 하나님의 영광을 위해 살게 하고, 그 약속을 믿도록 하는 것입니다. 하나님께서 우리가 그에게 영광 돌리고, 그 약속을 믿으며 살 수 있도록 능력과 은혜를 베푸시는 것입니다. 하나님은 창조, 선택, 구원, 섭리, 심판, 종말에 있어서 영광을 받으십니다. 그렇기에 이 땅을 살아가는 성도들은 예배를 통해 하나님께 영광 돌리는 삶을 살아야 합니다.

## 결론

우리는 우리가 하나님에 대해 생각하고 믿는바 그 자체가 우리 자신에 대해 가장 중요한 사실을 말해준다는 것을 기억해야 합니다.[117] 내가 어떠한 하나님을 믿느냐가 나 자신에 대하여 가장 중요한 사실을 말해주는 것입니다. 근본적으로 우리는 "나의 구원은 하나님께 속했다. 나의 구원은 하나님에 의해 완성된다."를 고백해야 합니다.

---

117) A. W. Tozer, *The Knowledge of the Holy: The Attributes of God* (Cambridge: Lutterworth Press, 2022), 1.

왜냐하면 구원의 시작과 끝이 결국 하나님에 의해 이루어지며, 이 모든 것의 목적은 바로 하나님의 영광을 위한 것이기 때문입니다. 그런 의미에서 우리의 전 삶을 항상 하나님 앞에서, 하나님의 권위 아래서, 그리고 오직 하나님의 영광을 위해 살아야 합니다. 그것이 우리 삶의 목적이어야 하고, 모습이어야 합니다. '영광'(gloria)의 히브리어 כָּבוֹד(카보드)는 '무겁다'라는 의미가 있듯이, 하나님의 영광을 무겁게 여겨야 합니다. 비록 세상이 하나님을 가볍게 본다고 해서 그의 언약 백성인 우리 역시도 하나님을 가볍게 여겨서는 안 될 것입니다.

우리는 종교개혁자들과 그들의 교회들을 통해 보았듯이, 오직 성경, 그리스도, 믿음, 그리고 은혜에 매달릴 필요가 있습니다. 우리가 앞선 네 가지 오직에 집중하게 될 때 오직 하나님께만 영광이 있음을 인정하게 되기 때문입니다. 하나님께서는 오직 그리스도를 통한 그의 구원 행위로 말미암아 자신을 영화롭게 하고 그가 행하는 모든 일이 그 자신에게 영광을 돌립니다. 그뿐 아니라 구원함을 얻은 우리의 거룩하고 경건한 일을 통해 하나님께 영광을 돌리게 하십니다. 그리고 마지막 날에 있을 우리의 영화로운 상태가 우리를 영원한 하나님 나라의 영광으로 이끕니다. 결국에 하나님의 놀라운 계획은 우리의 영화에 머물지 않고 그 자신의 영광으로 인도되고 있음을 우리는 찬송으로 고백하게 됩니다. 그 찬송과 고백이 우리의 예배를 통해 순전히 나타나야 할 것입니다. 우리는 참된 예배자가 되어서 오직 하나님과 그의 이름의 영광을 위해 살아야 합니다.

이와 같은 개혁신학의 특성들을 계속 우리의 신앙적 상황 속에서 항상 새롭게 해석하고, 조명하며, 구체적으로 적용해 나가는 것이 우리의 숙제가 될 것입니다. 그 숙제는 '개혁된 교회는 항상 개혁되어야 한다'라는 모토로 돌아와 겸손하게 행동해야 할 것입니다. 다시 오직 하나님께 영광을 외칩시다! 아멘!

**나눔을 위한 질문**

- 당신은 하나님의 절대주권을 경험하고 계십니까?
- 당신의 삶의 목적은 하나님의 영광입니까?

# 에필로그 Epilogue

중세의 부패한 로마가톨릭교회는 한마디 말에 쓰러졌습니다. 그 작은 단어 하나가 바로 '오직'(sola)입니다. 복음의 핵심 주제들인 성경, 그리스도, 믿음, 은혜, 하나님께 영광이 이 '오직'이라는 수식어와 더불어 거대한 로마가톨릭교회를 쓰러뜨렸습니다. 그들은 '오직'을 거부하며 끊임없이 '그런데'를 덧붙였지만, '오직'이라는 이 작은 한마디는 너무나도 강력했습니다.

종교개혁자들이 흔들었던 오직의 다섯 깃발은 지금 우리 시대의 교회에도 없어서는 안 될 요소입니다. 다섯 가지 솔라는 여전히 종교개혁 이후 개혁된 교회의 밑바탕이 되는 성경적 가르침이요 복음의 핵심입니다. 그렇기에 우리가 다섯 가지 솔라를 기억하고 붙드는 것은 너무나도 당연합니다.

다섯 가지 솔라는 적어도 세 가지 이유로 오늘날 우리에게 중요합니다.

첫째, 다섯 가지 솔라는 우리에게 참된 복음을 깨닫게 합니다. 오늘날 우리 교회 마당 안으로 깊숙이 들어와 자리 잡은 다원주의와 포용주의는 끊임없이 우리가 붙들고 있는 진리와 협상하고자 합니다. 성경의 유일성을 고수하는 것은 낡은 신앙이며, 오직 그리스도를 향한 믿음은 구원에 이르는 여러 선택지 가운데 하나라는 달콤함 속삭임에 교회들이 노출되어 있습니다. 하지만 다섯 가지 솔라 위에서 선포되는 복음은 거세게 몰아치는 이 모든 유혹에 저항하는 힘을 줍니다.

둘째, 다섯 가지 솔라는 우리에게 영원한 위로를 줍니다. 오직 믿음으로 말미암은 구원은 오직 하나님의 은혜라는 사실 그 자체는 오직 하나님에 의한 구원을 전적으로 보여줍니다. 우리는 우리에게 남아 있는 나의 행위와 공로로써 믿음과 거룩한 삶을 이해하려는 습성을 잘 압니다. 우리는 이 교만한 마음이 반복적으로 공략당하고 있음을 인지해야 합니다. 나로부터 시작되고 마무리되는 구원은 결국 이 험난한 세상에서 우리에게 사라지지 않는 피로감과 불안감만 안겨다 줄 것입니다. 오직 하나님의 은혜로 주어지고 책임져지는 우리의 구원은 이 지친 세상에서 영원하고 유일한 위로와 안식을 가져다줍니다.

셋째, 다섯 가지 솔라는 우리의 삶의 목적과 이유로 하나님을 바라보게 합니다. 우리는 광야에서 시험을 당하신 예수님처럼 우리의 현실이라는 세상 속에서 시험을 당합니다. 사단은 자신이 만물의 주권자인 것처럼 우리를 속이며 우리를 유혹합니다. 그리고 그 유혹과 시험은 우리로 하나님의 계명에 불순종케 하고 하나님 사랑을 실천하지 못하도록 합니다. 하지만 다섯 가지 솔라는 그리스도 예수 안에 있는 우리가 성령님의 도우심 가운데 하나님께 더 가까이 나아가게 합니다. 그리고 하나님의 사랑이 우리를 붙들고 있음을 더욱 확신케 합니다. 우리의 시선이 하나님께 고정되고 잠시 한눈을 팔지언정 다시금 하나님을 바라볼 수 있도록 나침반 역할을 하여 하나님을 바라보게 하고 그의 영광을 드러내는 삶을 살도록 인도합니다.

참됨 복음, 영원한 위로와 안식, 그리고 하나님의 영광을 드러내는 삶은 우리를 더더욱 다섯 가지 솔라로 끌어당기며 큰 변화를 가져다

줄 것입니다. 16세기 당시뿐 아니라 21세기인 오늘날에도 '오직'은 우리를 구별되게 합니다. '오직'은 우리의 신앙과 교회를 상징하는 용어가 되었습니다. 다섯 가지 솔라가 종교개혁을 요약하듯이, 다섯 가지 솔라가 지금 우리의 신앙을 요약하고 있습니다. 오직 성경만이 우리의 신앙과 생활의 유일한 법칙이 됩니다. 오직 성경은 오직 그리스도를 우리의 유일한 중보자로 말합니다. 그 그리스도를 통한 구원만이 하나님 나라에 이르는 유일한 길입니다. 그 구원을 얻기 위해 우리에게 필요한 것은 오직 믿음입니다. 다른 행위나 공로가 조건으로 작용하지 않습니다. 오직 하나님의 전적인 은혜의 선물로 주어진 오직 믿음으로 우리는 구원을 받습니다. 그렇기에 우리는 오직 하나님께 영광을 돌릴 수밖에 없는 것입니다. 오직 하나님이 시작하셨고 하나님께서 이루시기 때문입니다. 오직 하나님입니다. 이제 우리가 오직 성경, 오직 그리스도, 오직 믿음, 오직 은혜, 오직 하나님께 영광을 계속해서 외칠 때에 우리의 신앙과 우리의 교회는 더욱 원색적인 복음으로 개혁되어 갈 것입니다. 다시 '오직'이 외쳐져야 합니다. 다시 '오직'을 외칩시다.

# 다섯 가지 솔라 설교문 실례

## 01
### 오직 성경을 외치다!
### Sola Scriptura

14 그러나 너는 배우고 확신한 일에 거하라 너는 네가 누구에게서 배운 것을 알며 15 또 어려서부터 성경을 알았나니 성경은 능히 너로 하여금 그리스도 예수 안에 있는 믿음으로 말미암아 구원에 이르는 지혜가 있게 하느니라 16 모든 성경은 하나님의 감동으로 된 것으로 교훈과 책망과 바르게 함과 의로 교육하기에 유익하니 17 이는 하나님의 사람으로 온전하게 하며 모든 선한 일을 행할 능력을 갖추게 하려 함이라 _ **디모데후서 3:14-17**

> **| 주제 |** 우리는 오직 성경을 다시 붙들고 외쳐야 한다.
> 1. 오직 성경은 최종적 권위다.
> 2. 오직 성경을 붙들자.

우리 사회는 성경을 모르는 사회로 빠르게 변해가고 있습니다. 심지어 교인들 가운데서 성경은 하나님의 말씀이라 여기면서도, 동시에 성경은 21세기의 감성에 맞지 않는 책으로 여기는 분들도 있습니다. 과연 그러할까요? 시대가 변한다고 해서 성경의 권위와 가치까지 변해야만 할까요? 성경의 권위는 우리 신앙의 가장 밑바탕이자 기초입니다. 그렇기에 이것이 무너지면 우리 신앙의 전체 사슬이 연쇄적으로 무너지게 됩니다. 우리가 오직 성경을 다시 붙들고 외쳐야 하는 이유는 여기에 있는 것입니다.

첫째, 오직 성경은 최종적 권위입니다.

마틴 루터가 비텐베르크 교회 문에 95개 조항을 붙인 의도는 교회를 분열시키려는 것이 아니었습니다. 자신이 현재 속해 있는 로마가톨릭교회를 하나님의 말씀에 근거해서 개혁하고자 하는 순수한 마음이었습니다. 하지만 그의 의도와는 다르게 그 사건을 통해 루터는 로마가톨릭교회로부터 반역자 혹은 이단자로 내몰리며 공격받기 시작했습니다.

그 후로부터 2년 뒤인 1519년 라이프치히에서 로마가톨릭교회의 변증가인 요한 에크와 논쟁을 벌였습니다. 라이프치히 논쟁은 성경의 권위와 교회의 권위가 정면으로 충돌하는 논쟁이었습니다. 에크는 루터를 향해 날카로운 칼을 휘둘렀습니다. 그것은 바로 100년 전 이단으로 화형을 당한 얀 후스를 언급하는 것이었습니다. "당신은 얀 후스의 가르침을 옹호합니다." 그러면서 에크는 루터의 꺾이지 않는 의지와 침묵하지 않는 입술을 향해 비아냥거리며 "당신은 당신만이 지식을 갖고 있는 유일한 사람이라 생각합니까?"하고 질문하였습니다. 그리고 루터를 향해 양자택일할 것을 강요하였습니다.

이때 루터의 대답은 명료했습니다. "하나님께서 한때 나귀의 입을 통해서도 말씀하셨습니다. 솔직하게 말씀드리겠습니다. 저는 기독교 신학자이고, 진리를 주장할 뿐만 아니라 저의 피와 죽음으로 진리를 옹호해야 할 의무가 있습니다. 저는 자유롭게 믿으며 공의회, 대학, 교황 등 어느 누구의 권위에도 종이 되지 않을 것입니다." 루터는 성경의 권위와 교회의 권위가 정면으로 충돌할 때 무엇을 택했습니까? 오직 성경을 택했습니다. 그의 목에 겨눠진 칼은 더욱더 가까이 다가

왔음에도 불구하고 결코 포기할 수 없었던 것은 하나님의 말씀에 대한 권위에 굴복하고자 하는 자신의 믿음이었습니다.

그렇다면 루터는 왜 오직 성경을 외쳤을까요? 왜 루터는 오직 성경의 종이 되어 로마가톨릭교회가 강요하는 권위 앞에 맞서고자 했을까요? 루터는 로마가톨릭교회가 얼마나 크고 강력한 산인지 몰랐을까요? 홀로 그 거대한 세력을 굴복시킬 수 있다고 생각했을까요? 아닙니다. 그들이 하나님의 이름을 운운하며 주장하는 모든 것들이 하나님의 말씀인 성경과 일치하지 않기 때문입니다.

정말 그러할까요? 지금도 그러합니다. 지금으로부터 약 30년 전에 출판된 『가톨릭교회 교리서』(1992)를 보면 명확하게 알 수 있습니다. 그 교리서는 교회는 계시의 전달과 해석을 맡았으며, 계시 된 모든 진리에 대한 확신은 성경만으로 얻을 수 없고, 오직 교회를 통해 증거되어야 한다고 합니다. 즉 성경과 전통을 동일한 권위로 받아들이고 존중해야 한다는 것입니다. 한마디로 말해, 하나님의 말씀을 참되게 해석하는 임무는 오직 교회에 주어졌기에, 교황을 위시한 주교들에게 그 임무가 있다는 것입니다. 16세기 로마가톨릭교회의 성경 해석권 주장은 하나님의 말씀에 사로잡힌 루터를 굴복시키지 못했습니다. 이와 같은 주장들은 여러 이단이 성경을 자신들의 선지자 혹은 교주의 해설집이나 가르침을 통해 해석되어야만 진리를 알 수 있다는 주장과 일치합니다.

그런데 놀라운 것이 무엇입니까? 우리는 성경 속에서 로마가톨릭교회가 주장하는 바의 모습을 발견할 수 있다는 것입니다. 누구로부터 볼 수 있을까요? 그것은 바로 바리새인들입니다. 그들은 하나님

율법의 말씀에 더하여 자신들이 만들어낸 전통을 필수적인 개념으로 격상시켰습니다. 율법 안에 전통이 포함되는 것이 아니라 전통이 율법을 담고 있을 정도로 그 권위가 역전되었습니다.

마가복음 7장을 보면 바리새인들과 서기관이 예수님의 제자 중 몇 사람이 씻지 아니한 손으로 떡을 먹는 것을 지적하며 비난합니다. 그때 하는 말이 "이에 바리새인들과 서기관들이 예수께 묻되 어찌하여 당신의 제자들은 장로들의 전통을 준행하지 아니하고 부정한 손으로 떡을 먹나이까"(막 7:5). 그러자 예수님께서 선지자 이사야의 말을 인용하여 대답하십니다. "이르시되 이사야가 너희 외식하는 자에 대하여 잘 예언하였도다 기록하였으되 이 백성이 입술로는 나를 공경하되 마음은 내게서 멀도다"(막 7:6). 지금 예수님께서는 그들의 전통을 철저하게 지켜 행하는 자들을 향해 외식하는 자들이라 부르셨습니다. 그리고는 그 전통을 '사람의 계명' 혹은 '사람의 전통'이라 부르시며, 그것을 취하고 하나님의 계명을 저버린 어리석음을 지적하셨습니다.

거기에 더하여 예수님께서 그들의 전통을 지키려고 하나님의 계명을 저버린 또 다른 예를 들어 지적하십니다. 바로 '고르반' 문제입니다(막 7:11). '고르반'은 '봉헌'을 뜻합니다. 부모를 봉양하는 데 사용되어야 할 자신의 수입을 하나님께 드림이 되었다고 하며, 자녀로서의 명백한 책임을 회피하기 위한 수단이었습니다. 심지어 그들은 고르반의 맹세는 구속력이 있다고 주장하며 율법의 정신을 무시하였습니다. 바리새인들은 자신들의 전통으로 하나님의 말씀을 왜곡할 뿐 아니라 폐하고 있었습니다. 그들의 가르침은 하나님의 말씀과 각을 세우게 되었고 그 권위에 도전한 거에 지나지 않고 우위를 점하게 되었습니다. 사람의 계명 혹은 전통이 하나님의 계명에 우위를 점하고 구속력을 행사함으로 인해 충돌된 두 권위의 결과는 예수님의 이 한마디로 정의될 수 있습니다. "이 외식하는 자들아!"

로마가톨릭교회는 자신들이 오랜 세월 동안 만들어 온 그들만을 위한 권위로 하나님의 말씀까지 위협하였습니다. 하나님의 말씀 위에 서서 자신들 입맛대로 주물렀습니다. 그것이 루터를 비롯한 종교개혁자들이 마주한 교회였습니다. 하지만 그들은 그 산 너머 더 크고 위대한 권위를 발견하였고, 그 앞에 압도당하였습니다. 그것이 바로 오직 성경이었습니다.

우리 역시도 오직 성경을 붙들어야 합니다. 여러분에게 오직 하나님 말씀의 권위에 도전하는 또 다른 권위가 있습니까? 그 어떠한 것이라도 거부하시기 바랍니다. 여러분에게 하나님의 말씀과 동등한 지위를 부여하는 세력이 있습니까? 결단코 그 어떠한 의미도 부여하지 말기 바랍니다. 오직 성경을 최종적 권위로 여기며 살아가길 바랍니다.

둘째, 오직 성경을 붙들자 입니다.

죄인인 우리는 하나님의 말씀을 주관해서는 안 됩니다. 우리 스스로가 진리의 기둥이 될 수 없습니다. 우리는 오로지 하나님 말씀의 권위 앞에 복종하고 그 말씀을 붙들고 보존하는 것입니다. 성경은 우리가 하나님의 말씀으로 인정하기 때문에 권위가 있는 것이 아닙니다. 성경이 하나님의 말씀이기 때문에 권위가 있는 것입니다.

성경은 하나님께 의존하여 권위를 가집니다. 목사의 전달력에 따라 말씀의 권위가 달라지는 것도 아닙니다. 말씀을 선포하는 목사의 권위는 그가 선포하는 하나님의 말씀에서 나오는 것입니다. 우리는 하나님의 부르심을 받은 설교자를 통해서 주의 말씀이 교회에 선포될 때, 우리는 하나님의 말씀이 신자인 우리에게 선포되고 받아들여진다고 믿습니다. 설교하는 목사가 권위가 있어서가 아니라 전파되는 말씀이 권위가 있기 때문입니다. 왜냐하면 설교자는 여전히 악하고 죄인일지라도 하나님의 말씀은 여전히 참되고 선하기 때문입니다. 이러한 관점에서 스위스의 또 다른 종교개혁자 울리히 츠빙글리는 "만일 내가 하나님의 말씀대로 너희를 가르친다면, 너희를 가르치는 이는 자기가 아니요 오직 하나님이시다."고 전했습니다. "만일 자기 생각과 뜻대로 너희를 가르치면 그의 교훈은 거짓이니라"라는 경고하기도 하였습니다.

하나님의 말씀인 성경은 그 자체에 대해 무엇이라고 말합니까? 디모데후서 3:16-17을 보면 "모든 성경은 하나님의 감동으로 된 것으로 교훈과 책망과 바르게 함과 의로 교육하기에 유익하니 이는 하나님의 사람으로 온전하게 하며 모든 선한 일을 행할 능력을 갖추게 하려 함이라."라고 합니다. 하나님의 감동, 즉 영감 된 하나님의 말씀입니다. 그렇기에 우리에게 교훈과 책망과 바르게 함과 의로 교육하기에 유익할 능력과 권위가 있는 것입니다.

우리는 분명히 기억해야 합니다. 로마서 10:13-17 말씀에 "누구든지 주의 이름을 부르는 자는 구원을 받으리라 ... 그러므로 믿음은 들음에서 나며 들음은 그리스도의 말씀으로 말미암았느니라" 하였습니다. 우리의 신앙과 생활의 최종적 권위로서의 하나님의 말씀은 진실로 우리를 온전케 할 능력과 권위가 있습니다. 그 능력과 권위는 오직 성경을 외침으로 인해 들려진 그리스도의 말씀으로 말미암는 것입니다.

그렇기에 그 말씀을 담당하는 설교자는 어떠해야 할까요? 골로새서 1:24-29 말씀에 "내가 교회의 일꾼 된 것은 하나님이 너희를 위하여 내게 주신 직분을 따라 하나님의 말씀을 이루려 함이니라 이 비밀은 만세와 만대로부터 감추어졌던 것인데 이제는 그의 성도들에게 나타났고 하나님이 그들로 이 비밀의 영광이 이방인 가운데 얼마나 풍성한지를 알게 하려 하심이라 이 비밀은 너희 안에 계신 그리스도시니 곧 영광의 소망이니라 우리가 그를 전파하여 각 사람을 권하고 모든 지혜로 각 사람을 가르침은 각 사람을 그리스도 안에서 완전한 자로 세우려 함이니 이를 위하여 나도 내 속에서 능력으로 역사하시는 이의 역사를 따라 힘을 다하여 수고하노라"라고 하였습니다. 교회의 일꾼 된 설교자는 하나님의 말씀을 성도들에게 드러내고, 그 비밀의 영광이 얼마나 풍성한지를 가르치고, 영광의 소망이신 그리스도 안에서 완전한 자로 세워져 가도록 힘을 다해 수고하는 것입니다.

말씀을 맺겠습니다.

예수님 시대 때 예수님의 가르침에 대한 가장 큰 도전은 바리새인들의 전통이었습니다. 종교개혁 당시 성경의 권위에 대한 가장 큰 도전은 로마가톨릭교회의 전통이었습니다. 오늘날 우리의 신앙과 생활의 법칙인 성경의 권위에 도전하는 것들이 있습니다. 그중 하나가 21세기의 감성입니다. 교회가 변화하는 세상과 발맞추어 가듯이 지금의 시대에 맞는 옷을 입어야 한다는 주장입니다. 하지만 그렇게 함으로 당장 화려함과 속도감 있는 적응력을 줄 수는 있을지언정, 그 거짓된 안정감은 선포되는 말씀으로써 성경의 진리를 감당할 수 없을 것입니다. 우리는 진리를 붙들어야 합니다. 우리는 진리를 버리고 다른 것을 찾아 빈자리를 메꾸고자 하는 어리석음을 범해서는 안 될 것입니다. 현대판 바리새인이 되지 말아야 합니다. 우리는 21세기 감성이 아닌 하나님의 마음을 입은 오직 성경에 굴복하여 진리를 외치는 사람이 되어야 할 것입니다. '이것이 나의 고백이다. 이것이 오직 성경의 가르침이다. 이것이 내가 성경을 붙드는 이유다'를 자랑스럽게 선포하길 바랍니다. 다시 오직 성경을 외치는 여러분 되길 바랍니다. 아멘!

## *02*

# 오직 그리스도를 외치다!
# Solus Christus

8 이에 베드로가 성령이 충만하여 이르되 백성의 관리들과 장로들아 9 만일 병자에게 행한 착한 일에 대하여 이 사람이 어떻게 구원을 받았느냐고 오늘 우리에게 질문한다면 10 너희와 모든 이스라엘 백성들은 알라 너희가 십자가에 못 박고 하나님이 죽은 자 가운데서 살리신 나사렛 예수 그리스도의 이름으로 이 사람이 건강하게 되어 너희 앞에 섰느니라 11 이 예수는 너희 건축자들의 버린 돌로서 집 모퉁이의 머릿돌이 되었느니라 12 다른 이로써는 구원을 받을 수 없나니 천하 사람 중에 구원을 받을 만한 다른 이름을 우리에게 주신 일이 없음이라 하였더라_ **사도행전 4:8-12**

**┃ 주제 ┃우리는 오직 그리스도를 향한 신앙이 흔들리면 안 된다.**
**1. 그리스도만이 유일한 중보자이다.**
**2. 그리스도만이 우리의 구원이다.**

우리는 오직 그리스도를 통하지 않고서는 아무도 아버지께로 갈 수 없다고 배웠습니다(요 14:6). 유일한 중보자 사상은 오직 성경이 구약과 신약 시대에 선포하며 기대케 한 메시아사상과 일치합니다. 하지만 오늘날 등장한 종교다원주의는 마치 현대적이고 세련된 사상으로 둔갑하여 누구를 믿던지 구원에 이르기만 하면 된다는 관대함을 선전합니다. 이로 인해 우리가 고백하는 사도신경의 독생자 예수 그리스도의 위상이 흔들리기 시작했습니다. 우리는 결코 그리스도를 향한 우리의 신앙고백이 흔들리지 않도록 붙들어야 합니다.

첫째, 그리스도만이 유일한 중보자입니다.

오순절이 이르렀습니다. 승천하신 예수님께서 약속하신 성령님이 임재하셨습니다. 이후 사도 베드로와 요한은 성전으로 향했습니다. 성전을 향한 간절한 마음으로 향하는 그들은 성전 입구에서 또 다른 간절한 한 남자를 만나게 됩니다. 그는 태어날 때부터 걷지 못해 성전 앞에서 구걸하는 사람이었습니다. 그때 베드로와 요한이 그를 주목하였습니다. 그리고 이렇게 말합니다. "은과 금은 내게 없거니와 내게 있는 이것을 네게 주노니 나사렛 예수 그리스도의 이름으로 일어나 걸으라"(행 3:6). 성전으로 향하는 베드로와 요한은 그들의 힘과 능력이 아닌 오직 예수님의 이름으로 그를 고쳐주었습니다.

바로 이 사건을 배경으로 하여 사도행전 4장에서 베드로의 성전 설교가 등장합니다. 그의 설교는 구약성경 전체를 관통하고 있습니다. 십자가에 죽으시고 부활하사 승천하신 예수님께서 어떻게 구약성경이 말하고 있는 메시아인지, 그가 구약의 모든 기대를 어떻게 성취하였는지를 요약하여 설교하였습니다. 그러면서 하는 말이 "다른 이로써는 구원을 얻을 수 없나니 천하 인간에 구원을 얻을 만한 다른 이름을 우리에게 주신 일이 없음이니라"(행 4:12)입니다. 오직 그리스도를 외쳤습니다.

종교개혁자들이 오직 그리스도를 외쳤을 때, 로마가톨릭교회는 그리스도를 믿는 믿음과 그로 인한 구원을 부인하지 않았습니다. 그들 역시도 예수님도 고백하고, 믿음도 인정하고, 구원도 소망하였습니다. 하지만 그들이 제거하고자 하는 게 있었습니다. 그것은 바로 '오직'이었습니다. 그리고 추가하고자 하는 것이 있습니다. 바로 공로를 위한 선행, 마리아와 성인들을 위한 기도, 은혜의 방편으로서의 사제의 역할 등이었습니다. 보다 구체적으로 말하면, 로마가톨릭교회가 '오직'을 인정하는 순간, 그들은 그들이 지금껏 행해오고 가르쳐왔던 모든 것들을 스스로 허물어야 했기 때문입니다.

종교개혁자들은 로마가톨릭교회가 주장하는 다른 중보자 사상에 대항하여 오직 그리스도를 선포하였습니다. 그들은 베드로와 요한이 여전히 메시아를 기다리고 있는 무리의 앞마당인 성전에서 십자가의 예수가 우리의 그리스도와 주되심을 선포한 것처럼, 로마가톨릭교회가 장악하고 있는 세상에서 오직 그리스도를 선포했습니다.

베드로와 요한은 성전에서 주인 행세하는 자들이 붙들고 있는 구약의 말씀으로부터 시작하였습니다. 성전 미문에 나면서부터 걷지 못하는 자로 나사렛 예수 그리스도의 이름을 주목하게 하였던 것처럼, 성전 중심에 거하는 자들로 우리 주 예수 그리스도로 그들의 말씀을 이해하도록 가르쳤습니다. 오직 그리스도로 말미암아 하나님과 깨어졌던 관계가 회복되고, 참된 화평을 누리며 그의 나라에 거할 수 있게 되는 것입니다. 오직 그리스도는 흔들릴 수 없습니다. 우리의 중보자 되신 그리스도의 유일성은 흔들려서도 안 됩니다.

둘째, 그리스도만이 우리의 구원입니다

구약성경을 주의 깊게 읽어보시기를 바랍니다. 구약 선지자들의 외침을 정직하게 마주해 보시기 바랍니다. 그들은 하나님 나라 백성들의 죄의 문제가 너무 크다는 사실을 지적함과 동시에 그 문제는 오직 하나님으로부터 해결될 수 있음을, 오직 하나님만이 해결할 수 있음을 분명히 말하고 있습니다. 우리는 우리 안에서 도저히 해결될 수 없는 상태에서 우리 밖에서부터 오는 은혜로 말미암아 구원 받게 됩니다.

우리가 어떠한 상태인지 정확히 아는 것이 중요합니다. 우리는 어떠한 상태였습니까? 에베소서 2:1-3 말씀에 "그는 허물과 죄로 죽었던 너희를 살리셨도다 그 때에 너희는 그 가운데서 행하여 이 세상 풍조를 따르고 공중의 권세 잡은 자를 따랐으니 곧 지금 불순종의 아들들 가운데서 역사하는 영이라 전에는 우리도 다 그 가운데서 우리 육체의 욕심을 따라 지내며 육체와 마음의 원하는 것을 하여 다른 이들과 같이 본질상 진노의 자녀이었더니" 라고 하였습니다. 우리는 죽음의 존재였으나 생명의 존재가 되었습니다. 우리는 세상 풍조를 따랐고, 공중 권세 잡은 자를 따랐으나 하늘 교훈을 따르고 영원한 권세를 소유하신 하나님을 따르게 되었습니다. 우리는 불순종의 아들들이었으나 순종의 자녀들이 되었습니다. 어떻게 이것이 가능합니까? 허물과 죄로 죽었던 우리를 살리신 오직 그리스도로 가능합니다.

우리는 오직 그리스도로 말미암아 하나님의 자녀가 되었습니다. 하지만 늘 우리 마음을 불편하게 하는 하나님의 명령이 있습니다. 그것은 바로 언약의 하나님께서는 반복해서 말씀하시는 "내가 거룩하니 너희도 거룩하라"(레 11:45)입니다. 하나님의 거룩을 향한 명령은 절대 타협 불가능한 원칙이 되었습니다. 하나님께서 자비롭고 은혜가 풍성하신 분이시지만 그는 동시에 거룩하고 공의로우시며 진실하신 분이십니다. 그렇기에 그의 언약은 반드시 훼손되지 않는 상태에서 완전히 성취되어야 합니다. 그러한 측면에서 하나님의 의와 사랑은 긴장 가운데 있습니다. 이 긴장을 어떻게 완벽히 해소할 수 있을까요? 오직 그리스도입니다.

　선지자 이사야는 주의 종을 다음과 같이 예언합니다. 이사야 53:4-6 말씀에 "그는 실로 우리의 질고를 지고 우리의 슬픔을 당하였거늘 우리는 생각하기를 그는 징벌을 받아 하나님께 맞으며 고난을 당한다 하였노라 그가 찔림은 우리의 허물 때문이요 그가 상함은 우리의 죄악 때문이라 그가 징계를 받으므로 우리는 평화를 누리고 그가 채찍에 맞으므로 우리는 나음을 받았도다 우리는 다 양 같아서 그릇 행하여 각기 제 길로 갔거늘 여호와께서는 우리 모두의 죄악을 그에게 담당시키셨도다." 우리의 평화를 위한 그리스도의 찔림과 우리의 나음을 위한 그리스도의 아픔은 넘치는 사랑입니다. 대속의 은혜입니다.

　오직 하나님의 아들 예수 그리스도로 말미암아 하나님과의 관계가 회복될 수 있습니다. 그렇다면 그 예수 그리스도를 향한 우리의 자세가 어떠해야만 하나님의 자녀가 될 수 있다고 합니까? 요한복음 1:12 말씀에 "영접하는 자 곧 그 이름을 믿는 자들에게는 하나님의 자녀가 되는 권세를 주셨으니"라고 하였습니다. 오직 그리스도를 믿음으로 말미암아 우리는 하나님의 자녀가 되는 권세를 얻게 되었습니다. 이 믿음 안에 있는 우리는 하나님과의 교제 안으로 들어가게 됩니다. 영생을 소유하게 되고 영생을 실제로 누리게 됩니다. 왜냐하면 하나님께서 영원하시기에 그 하나님과의 교제는 영원한 교제이기 때문입니다.

그뿐 아니라 오직 그리스도로 말미암아 누리게 되는 구원의 유익은 여기에 그치지 않습니다. 우리는 하나님의 나라에 거하고 하나님과 화목한 관계만을 누리는 존재가 아닙니다. 하나님의 창조 역사 가운데 인간은 특별한 지위가 있음을 우리는 기억해야 합니다. 창세기 1:26-28 말씀에 "하나님이 이르시되 우리의 형상을 따라 우리의 모양대로 우리가 사람을 만들고 그들로 바다의 물고기와 하늘의 새와 가축과 온 땅과 땅에 기는 모든 것을 다스리게 하자 하시고 … 하나님이 그들에게 복을 주시며 하나님이 그들에게 이르시되 생육하고 번성하여 땅에 충만하라, 땅을 정복하라, 바다의 물고기와 하늘의 새와 땅에 움직이는 모든 생물을 다스리라 하시니라" 하였습니다. 사람은 하나님의 형상으로 지음을 받아 하나님의 대리 통치자 지위를 부여받았었습니다. 하지만 죄로 말미암아 하나님의 형상이 훼손되었고, 그의 형상으로 지음을 받은 사람에게서 하나님의 거룩과 영광이 아니라 죄의 추악한 모습이 드러났습니다.

오직 그리스도께서 우리의 왜곡되어 진 하나님의 형상을 다시 회복케 합니다. 하나님께서는 메시아가 오기 전에 모형으로써 거룩에 이르는 방편들을 제공해 주셨습니다. 애굽 땅 종 되었던 이스라엘을 하나님을 예배하도록 부르심은 구원의 역사 가운데 언약으로의 부르심이었습니다. 구원받고 언약 관계에 놓인 이스라엘은 하나님의 타협될 수 없는 거룩이 요구되었습니다. 그것이 하나님을 드러내고, 하나님께 택함을 받아 구원의 은혜를 누리는 자임을 드러내기 때문입니다. 하지만 언약 백성들은 끈질기게 이 일이 실패하였습니다.

레위기 19:2의 "너는 이스라엘 자손의 온 회중에게 말하여 이르라 너희는 거룩하라 이는 나 여호와 너희 하나님이 거룩함이니라"는 끊임없이 로마서 3:23-24의 "모든 사람이 죄를 범하였으매 하나님의 영광에 이르지 못하더니 그리스도 예수 안에 있는 속량으로 말미암아 하나님의 은혜로 값없이 의롭다 하심을 얻은 자 되었느니라"로 연결되고 있습니다. 구약의 언약 백성들이 실패했습니다. 신약의 성도들도 실패했습니다. 우리도 실패하고 있습니다. 하지만 우리를 대신하여 우리를 위하여 거룩을 완전히 성취하실 수 있는 참 하나님이요 참사람이신 분이 계십니다. 그가 바로 예수 그리스도이십니다. 오직 그리스도입니다. 완전한 하나님의 형상이신 그가 우리로 의롭다 하심을 얻게 합니다.

골로새서 1:13-15 말씀에 "그가 우리를 흑암의 권세에서 건져내사 그의 사랑의 아들의 나라로 옮기셨으니 그 아들 안에서 우리가 속량 곧 죄 사함을 얻었도다 그는 보이지 아니하는 하나님의 형상이시요 모든 피조물보다 먼저 나신 이시니" 하였습니다. 신약 시대 때 예수님을 눈으로 보는 자는 하나님의 영광을 보는 것이었습니다. 하나님의 참 형상이신 그리스도의 대속의 사역으로 말미암아, 성령님 안에서 구원으로 부름을 받는 것입니다. 왜냐하면 우리는 이미 창세 전에 하나님께서 미리 아신 자들이기 때문입니다. 예정된 자들이기 때문입니다.

이제 하나님의 형상이신 그리스도로 말미암아 하나님의 형상이 회복된 우리는 그 형상을 지닌 자로서 태초의 창조 질서를 온 세상에 전파해야 할 것입니다. 아담의 실패, 이스라엘의 실패, 그리스도의 역설적인 실패인 십자가의 죽음과 부활을 통해 죄와 사망의 모든 권세를 무릎 꿇게 하셨습니다. 골로새서 2:14-15 말씀에 "우리를 거스르고 불리하게 하는 법조문으로 쓴 증서를 지우시고 제하여 버리사 십자가에 못 박으시고 통치자들과 권세들을 무력화하여 드러내어 구경거리로 삼으시고 십자가로 그들을 이기셨느니라" 하셨습니다. 무력화시키고 구경거리로 삼으신 예수님의 십자가는 우리를 승리케 하십니다. 그의 승리하심이 얼마나 강력한지를 철저하게 보여주시는 것입니다.

말씀을 맺겠습니다.

오직 그리스도가 우리를 죄와 사망에서 구원하여 주십니다. 다른 이름은 없습니다. 다른 구원은 없습니다. 오직 그리스도만이 우리에게 하나님의 의와 거룩을 옷 입혀 주실 수 있는 능력이 있으십니다. 우리는 그리스도를 통해 하나님을 바라보게 되었습니다. 그뿐 아니라 이제 우리로 시작된 하나님의 나라를 누리게 하시고 그의 나라 도래를 고대케 합니다. 우리가 하나님의 나라를 바라보며 '마라나타'를 외치는 자가 된 것은 오직 그리스도로 말미암은 것입니다. 오직 그리스도만이 우리의 구원이십니다. 오직 그리스도만이 우리를 하나님 품으로 인도케 하십니다. 오직 그리스도만이 우리를 하나님 나라의 모든 복락을 누리게 하십니다. 주 예수 그리스도의 이름을 믿으십시오. 그러면 구원을 얻으실 것입니다! 다시 오직 그리스도를 외치는 여러분 되길 바랍니다. 아멘!

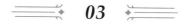

# 03
## 오직 믿음을 외치다!
## Sola Fide

복음에는 하나님의 의가 나타나서 믿음으로 믿음에 이르게 하나니 기록된 바 오직 의인
은 믿음으로 말미암아 살리라 함과 같으니라 _ **로마서 1:17**

> **| 주제 |** 우리는 오직 믿음으로 구원 받는다.
> 1. 믿음으로 의롭게 된다.
> 2. 믿음으로 자유케 된다.

우리는 행동하길 좋아합니다. 우리는 우리의 행위의 결과를 마주
하는 일에 익숙합니다. 그것은 죄 된 본성 가운데 살아가는 인간의
본질적 모습이라 할 수 있습니다. 최초의 죄를 지은 아담과 하와가 자
신의 부끄러움을 가린 채 하나님께 응답하였던 것처럼, 우리는 우리
의 공로로 우리의 부끄러움을 가린 채 하나님 앞에 서야만 한다고 생
각합니다. 하지만 그것은 불가능하였습니다. 실패의 연속이었습니다.
우리의 행위로 하나님 앞에 설 수 있는 자가 없습니다. 다만 하나님께
서 오직 믿음으로 그 앞에 서게 하십니다. 하나님은 오직 믿음만 보십
니다.

첫째, 믿음으로 의롭게 된다 입니다.
루터는 고향 집에 잠시 들렀다가 다시 학교로 돌아가는 길에 천둥
번개에 휩싸였습니다. 그는 자신과 함께하던 친구가 번개에 맞아 즉

사하는 것을 보고 그 자리에서 엎드려 서원하였습니다. "내가 수도사가 되겠나이다!" 자신이 죽음에 이르게 하는 이 우레로부터 건짐을 받는다면 수도사로서 구원에 합당한 삶을 살겠다는 것이었습니다. 하지만 보다 근본적으로는 그가 죽음이라는 공포 앞에서 아직 해결되지 못한 죄의 문제가 두려웠기 때문이었습니다. 고해신부에게 가서 죄 용서도 구하지 못한 상태에서 죽는다면 연옥에서의 고통스런 삶이 더 두려웠던 것입니다.

당시 중세 유럽을 휘감고 있었던 구원론은 '이행칭의(以行稱義)'였습니다. 오직 행위로 인한 공로가 우리를 구원케 한다는 것이 너무나도 자연스러운 신앙으로 자리 잡혀 있었습니다. 그렇기에 종교개혁의 가장 뜨거운 논쟁이 '오직 믿음'이었다는 사실은 쉽게 이해될 수 있는 부분입니다. 이행칭의라는 골리앗을 무너뜨리는 작은 물맷돌이 '이신칭의'였습니다.

그렇다면 '이신칭의(以信稱義)'란 무엇입니까? 오직 믿음으로 의롭다 칭함을 받는다는 말입니다. 믿음 외에 다른 무엇도 하나님의 의에 이르지 못한다는 외침이 바로 '오직 믿음'이었습니다. 칭의는 오직 믿음을 통해 그리스도의 의가 우리에게 전가 될 때 주어지는 변화입니다. 의롭다는 선언은 법정적 의미를 지닙니다. 로마서 5:1 말씀인 "그러므로 우리가 믿음으로 의롭다 하심을 받았으니 우리 주 예수 그리스도로 말미암아 하나님과 화평을 누리자"와 같이 이신칭의는 하나님과 화평을 누리게 되는 단 한 순간을 의미합니다. 우리의 신분과 상태가 변화되는 것입니다. 칭의는 참된 믿음에 의해 순간적으로 일어나는 반면, 성화는 평생에 걸친 과정으로 나타납니다.

왜 이신칭의의 역사는 단회적일까요? 그 이유는 오직 예수님께 있습니다. 고린도후서 5:21 말씀에 "하나님이 죄를 알지도 못하신 이를 우리를 대신하여 죄로 삼으신 것은 우리로 하여금 그 안에서 하나님의 의가 되게 하려 하심이라"라고 하였습니다. 오직 그리스도께서 단번에 성취하신 의가 우리에게 전가된 결과입니다. 오직 그리스도의 십자가 죽음은 단회적이지만, 그의 단번의 희생 제사가 영원한 가치를 가지는 이유는 우리의 모든 죄를 완전히 도말(塗抹)하셨기 때문입니다. 그렇기에 오직 믿음으로 오직 그리스도의 복음을 마음으로 믿어 입으로 시인하는 그 순간 즉각적으로 의의 전가가 이루어지는 것입니다.

종교개혁자들이 외친 이신칭의에서 오직 믿음은 그리스도를 믿는 믿음으로 구원함을 받는다는 복음을 선포한 것에 그치지 않고, 오직 행함으로 의롭다 하심을 얻어야만 한다는 로마가톨릭교회의 이행칭의적 속박에서 구원받는 것이기도 합니다.

의의 전가 가르침은 로마가톨릭교회의 의의 주입 가르침과 충돌하였습니다. 그리스도의 의가 주입될 때 우리가 거룩하게 되고, 그 의로 시작하여 우리의 행위와 성례의 시행으로 더욱더 의롭게 된다는 가르침입니다. 잘못된 구원론에 사로잡혀 끊임없이 자신을 공로와 행위에 옭아매는 그 올무에서 벗어나게 하는 것입니다. 구원은 교회가 정하여주는 것이 아닙니다. 구원은 하나님이 정하여주는 것입니다. 구원에 이르는 길은 하나님께서 그의 말씀을 통해 우리에게 계시하여 주셨습니다. 우리는 오직 믿음 외에 구원에 이르는 다른 길을 발견하지 못했습니다. 그것이 우리의 믿음임을 고백하길 바랍니다.

둘째, 믿음으로 자유케 된다 입니다.

루터는 믿음으로 인한 칭의를 선포하였습니다. 그리스도께서 우리를 위하여 주어지신 바 되었기에 전적으로 거룩하고 의롭습니다. 하지만 루터는 동시에 죄인임을 인정하였습니다. 우리는 우리의 출생으로부터 현재의 모습에 이르기까지 진실로 완전한 죄인입니다. 타락된 본성 가운데 출생한 우리는 계속해서 악을 향해 기울어져 가는 성향을 지우지 못합니다.

우리는 의인인 동시에 죄인입니다. 로마서 7:24-25의 말씀이 의인임과 동시에 죄인인 우리의 신분 상태를 정확하게 보여줍니다. "오호라 나는 곤고한 사람이로다 이 사망의 몸에서 누가 나를 건져내랴 우리 주 예수 그리스도로 말미암아 하나님께 감사하리로다 그런즉 내 자신이 마음으로는 하나님의 법을 육신으로는 죄의 법을 섬기노라." 의아하지 않습니까? 지금 로마의 교회에 편지를 통해 복음이 무엇인지를 전하고 있는 바울 그 자신도 자신의 곤고한 인생을 말하고 있습니다. 복음을 전하여 주는 선생으로서 나는 믿음으로 말미암아 칭의된 이후에 이와 같은 거룩을 성취했다가 아니었습니다. 편지를 쓰고 있는 그 순간에도 자신은 곤고한 존재임을 인정하였습니다. 의인임과 동시에 죄인으로서 삶이 얼마나 고단한지를 부인하지 않았습니다.

바울은 하나님의 진노, 율법, 죄, 사망 등으로부터 자유롭게 된다는 것은 복음을 믿음으로 말미암아 믿음 이후 우리에게 그 어떠한 일도 필요치 않다고 말을 하는 것이 아닙니다. 바울이 지금 말하고자 하는 것은 죄와 사망으로부터의 자유롭게 되는 은혜를 기억하고 죄와 끊임없이 싸우면서 살아내는 것이 중요하다는 것입니다. 구원은 오직 그리스도의 십자가에서 완성되는 것이지, 우리의 추가적인 노력을 통해 완성되는 것이 아니기 때문입니다.

그렇다면 믿음이 우리에게 있어서 가장 중요하다는 말일까요? 하나님께서 율법을 통해 우리에게 요구하신 것은 하나님 사랑과 이웃 사랑이지 않습니까? 믿음은 사랑을 제거하지 않습니다. 믿음은 사랑을 훼손하지도 않습니다. 갈라디아서 5:6 말씀에 "그리스도 예수 안에서는 할례나 무할례나 효력이 없으되 사랑으로써 역사하는 믿음뿐이니라"라고 하였습니다. 여기서 우리가 기억해야 하는 것은 사랑이 우리를 정당화하지 않는다는 것을 이해하는 것입니다. 사랑의 행위가 우리를 의롭다 하심을 얻게 하지 못합니다. 하나님을 사랑하고 이웃을 사랑하는 것은 믿음의 결과 성화의 과정에서 나타나는 열매인 것입니다. 오직 믿음으로 말미암아 의롭다 하심을 얻는 것입니다. 오직 믿음은 우리를 구원에 이르게 하고, 오직 사랑은 우리를 구원의 삶으로 살게 하는 것입니다.

물론 로마가톨릭교회는 가만히 물러서지 않았습니다. 그들은 1545년부터 1563년까지 일어난 트렌트 공의회에서 오직 믿음을 직접적으로 반박하면서, 선행과의 협력을 통해 칭의의 증가를 말했습니다. 즉 우리는 선행을 통해서 더욱더 의롭게 되는 것이지, 믿음으로만은 불가능하고 불완전하다는 말입니다.

과연 그러할까요? 성경은 무엇을 말하고 있을까요? 우리는 믿음의 조상인 아브라함을 통해서 이신칭의의 진리를 확인할 수 있습니다. 창세기 15:6-7 말씀에 "아브람이 여호와를 믿으니 여호와께서 이를 그의 의로 여기시고 또 그에게 이르시되 나는 이 땅을 네게 주어 소유를 삼게 하려고 너를 갈대아인의 우르에서 이끌어 낸 여호와니라"
라고 하였습니다.

이 말씀의 배경은 무엇입니까? 사로잡힌 롯을 아브라함이 구한 사
건입니다. 아브라함은 집에서 기른 318명의 사람으로 전쟁에서 승리
하였고, 조카 롯을 구출하였다는 이유로 의롭다고 함을 얻지 않았습
니다. 그가 전쟁에 승리하였음에도 불구하고 전리품을 챙기지 않았
다는 이유로 그의 의로움을 인정받은 것이 아니었습니다. 오직 믿음
이었습니다. 오직 아브라함이 하나님의 약속을 믿을 때 의롭다고 여
김을 받았습니다.

히브리서 11:8-11 말씀에 "믿음으로 아브라함은 부르심을 받았
을 때에 순종하여 장래의 유업으로 받을 땅에 나아갈새 갈 바를 알
지 못하고 나아갔으며 믿음으로 그가 이방의 땅에 있는 것 같이 약
속의 땅에 거류하여 동일한 약속을 유업으로 함께 받은 이삭 및 야
곱과 더불어 장막에 거하였으니 이는 그가 하나님이 계획하시고 지
으실 터가 있는 성을 바랐음이라 믿음으로 사라 자신도 나이가 많아
단산하였으나 잉태할 수 있는 힘을 얻었으니 이는 약속하신 이를 미
쁘신 줄 알았음이라"라고 하였습니다. 우리가 반드시 기억해야 하는
것은 하나님께서 아브라함의 믿음을 보시고 의롭다고 하신 다음 언
약을 맺으셨다는 사실입니다. 하나님께서 언약을 맺으신 뒤 믿음이
라는 행위를 보시고 의롭다고 하신 것이 아니라는 것입니다. 사도 바
울 역시도 로마서 4:1-5에서 이를 정확히 지적하여 말하고 있습니다.
"그런즉 육신으로 우리 조상인 아브라함이 무엇을 얻었다 하리요 만
일 아브라함이 행위로써 의롭다 하심을 받았으면 자랑할 것이 있으

려니와 하나님 앞에서는 없느니라 성경이 무엇을 말하느냐 아브라함이 하나님을 믿으매 그것이 그에게 의로 여겨진 바 되었느니라 일하는 자에게는 그 삯이 은혜로 여겨지지 아니하고 보수로 여겨지거니와 일을 아니할지라도 경건하지 아니한 자를 의롭다 하시는 이를 믿는 자에게는 그의 믿음을 의로 여기시나니." 오직 믿음입니다. 그리고 우리에게 의롭다고 하는 분은 오직 하나님이십니다. 오직 하나님께서 우리에게 요구하시고 자신 앞에서 우리를 통해 보고자 하시는 것은 오직 그리스도의 복음을 믿는 믿음밖에 없습니다. 우리에게도 오직 믿음만 요구하시는 하나님께 감사하길 바랍니다. 오직 하나님의 복음을 향한 참된 믿음이 우리에게 있기를 소망합니다.

말씀을 맺겠습니다.

사도 바울은 우리의 행위로 인해 의로워지는 결과는 은혜가 아니라 보수이지 않냐고 정확하게 지적하였습니다. 우리의 경건 생활과 선행은 우리의 거룩한 삶을 위한 유익이 있습니다. 하지만 우리는 그것이 우리의 구원을 이루는 수단으로 여기는 생각은 버려야 합니다. 오직 그리스도를 믿음으로 말미암아 우리는 구원함을 얻는 것입니다. 종교개혁자들이 오직 성경에 근거해서 로마가톨릭교회의 잘못된 구원론에서 벗어나게 하였음에도 불구하고, 개혁신앙의 후예인 우리는 다시금 공로사상(功勞思想)의 올무로 빠져들고자 하는 어리석음을 범하지 않아야 합니다. 오직 믿음, 그 외에 우리에게 요구되는 것은 없습니다. 다시 오직 믿음을 외치는 여러분 되길 바랍니다. 아멘!

# 04

## 오직 은혜를 외치다!
## Sola Gratia

너희는 그 은혜에 의하여 믿음으로 말미암아 구원을 받았으니 이것은 너희에게서 난 것이 아니요 하나님의 선물이라 행위에서 난 것이 아니니 이는 누구든지 자랑하지 못하게 함이라 _ 에베소서 2:8-9

> | 주제 | 우리는 우리의 공로가 아닌 오직 은혜로 구원받는다.
> 1. 우리의 공로는 부족하다.
> 2. 십자가의 은혜는 충족하다.

도르트 총회가 열렸습니다. '아르미니우스주의자들' 혹은 항의하였다 해서 '항변파'가 제기한 5가지 신학적 문제로 인해 교회 분열의 문제를 해결하기 위해 총회가 개최되었습니다. 항변파들의 요청은 바로 『벨기에신앙고백』과 『하이델베르크요리문답』을 자신들이 제안한 대로 변경해 달라는 것이었습니다. 하지만 도르트총회는 정통교리와 항변파의 교리 양자를 향한 재판적인 성격을 지녔었는데, 결국 총회는 개혁파의 손을 들어주었고, 항변파가 주장한 그 다섯 주장에 대한 개혁파 입장을 선언하였습니다. 그것이 바로 '도르트신경'입니다. 이는 오직 은혜로 말미암은 하나님의 구원을 거부하는 항변파를 정죄하고 다시 오직 은혜뿐임을 선포한 것입니다.

첫째, 우리의 의는 부족하다 입니다.

종교개혁자들은 '어떻게 진노하시는 하나님으로부터 구원을 얻을 수 있는가?' 하는 질문을 중요하게 다뤘습니다. 그들은 구원의 문제에 있어서 죄와 사망의 두려움과 공포부터 벗어나는 방법을 오직 하나님께 찾았습니다. 로마가톨릭교회로부터 답을 찾지 않았습니다. 교회의 수장인 교황조차도 자신의 죄와 사망의 문제를 해결하지 못함을 지적하였습니다. 종교개혁자들은 로마가톨릭교회가 가르치는 심판하시는 의로운 하나님이 아닌 구원하시는 은혜의 하나님을 소개하였습니다. 이로 인해 하나님을 통한 구원의 복음은 이신칭의와 더불어 '은혜'에 대한 이해에 집중하였습니다.

루터는 구원에 있어서 하나님의 은혜를 다음과 같이 명확히 말했습니다. "어떤 사람도 자신의 구원이 철저히 자기의 능력, 방법, 노력, 의지, 행위와는 상관없이 전적으로 다른 이, 즉 하나님의 선택, 의지, 사역에 달려있다는 것을 알기까지는 온전히 겸손해질 수 없습니다. 이것을 알게 될 때 은혜에 가까워지고 구원을 받게 되는 것입니다." 은혜는 사람에게서 오는 것이 아닙니다. 은혜는 자기 행위의 결과로 주어지는 것도 아니었습니다. 오직 하나님으로부터 오는 것이었습니다.

하지만 오늘날 우리가 자주 사용하는 단어 중 하나인 '은혜'는 성경의 의미와 차이가 있습니다. 우리는 사람을 향해 은혜를 사랑과 도움의 성격으로 사용하곤 합니다. 우리는 은혜를 복의 관점에서 무언가 좋은 것이 더해지는 개념으로 가르치곤 합니다. 하지만 성경은 '받을 자격이 없는 사람에 대한 하나님의 무조건적인 사랑'으로 요약할 수 있습니다. 사람이 아니라 하나님을 향한 표현입니다. 더군다나 구원의 은혜는 오직 하나님만이 우리에게 베풀 수 있는 능력과 의지를 가지고 계십니다.

그렇다면 우리는 이 은혜의 개념을 어디에서 가장 잘 볼 수 있을까요? 성경에서 하나님의 은혜를 가장 잘 표현해주는 곳은 단연 출애굽기 34:5-7입니다. "여호와께서 구름 가운데에 강림하사 그와 함께 거기 서서 여호와의 이름을 선포하실새 여호와께서 그의 앞으로 지나시며 선포하시되 여호와라 여호와라 자비롭고 은혜롭고 노하기를 더디하고 인자와 진실이 많은 하나님이라 인자를 천대까지 베풀며 악과 과실과 죄를 용서하리라 그러나 벌을 면제하지는 아니하고 아버지의 악행을 자손 삼사 대까지 보응하리라." 여기에서 하나님은 모세와 이스라엘에게 자신을 "자비롭고 은혜로우신" 분이라 선언하고 있습니다. 하나님께서 애굽 땅 종 되었던 곳에서 불러낸 이스라엘과 언약을 맺으시면서 자신을 자비와 은혜가 충만하신 분으로 말씀하십니다. 이는 죄인인 이스라엘을 대하는 하나님의 모습입니다. 즉 은혜는 우리의 죄에 대한 하나님의 응답입니다. 죄인인 우리가 마땅히 기대할 수 있는 바는 하나님의 심판과 진노이지만, 오히려 은혜를 받았다는 것은 하나님의 과분한 호의라 정의되는 부분입니다. 하지만 동시에 하나님께서는 벌을 면제하지 않으심으로 인해 그의 공의를 외면하거나 훼손하지 않으십니다.

사도 바울은 하나님의 은혜를 그리스도 예수 안에서 발견하고 죄와 사망에서 의와 생명으로의 이동을 말합니다. 로마서 7:25-8:2 말씀에 "우리 주 예수 그리스도로 말미암아 하나님께 감사하리로다 그런즉 내 자신이 마음으로는 하나님의 법을 육신으로는 죄의 법을 섬기노라 그러므로 이제 그리스도 예수 안에 있는 자에게는 결코 정죄함이 없나니 이는 그리스도 예수 안에 있는 생명의 성령의 법이 죄와 사망의 법에서 너를 해방하였음이라"라 하였습니다. 사도 바울은 육신을 지닌 인간 스스로는 율법의 요구를 결코 이룰 수 없다는 사실을 절실히 깨닫게 합니다. 심지어 우리의 힘으로 율법의 요구를 이루고자 하는 노력들은 결국에 우리로 비참함을 안겨 줄 것을 말합니다. 오직 하나님입니다. 우리는 오직 그리스도께서 성취하신 율법의 의를 오직 믿음으로 받아들일 뿐이며, 마치 우리가 성취한 것으로 인정해 주는 것입니다. 우리의 무능력함을 시인하길 바랍니다. 우리의 절대 부족함을 인정하고 엎드리길 바랍니다. 오직 하나님의 은혜입니다. 오직 하나님께서 가치 없는 우리에게 베풀어 주시는 그 풍성한 은혜로 말미암아 우리가 구원 받아 그의 언약 백성이 됨을 찬송하길 바랍니다.

둘째, 십자가의 은혜는 충족하다 입니다.

은혜는 그리스도의 십자가 죽음에서 최절정을 드러냅니다. 하나님의 공의는 결코 외면되지 않았고, 하나님의 사랑은 최상으로 증명되었기 때문입니다. 그의 영원하면서도 단번의 제사를 통해 우리의 거룩은 이뤄지는 것입니다.

히브리서 10:10-14 말씀에 "이 뜻을 따라 예수 그리스도의 몸을 단번에 드리심으로 말미암아 우리가 거룩함을 얻었노라 제사장마다 매일 서서 섬기며 자주 같은 제사를 드리되 이 제사는 언제나 죄를 없게 하지 못하거니와 오직 그리스도는 죄를 위하여 한 영원한 제사를 드리시고 하나님 우편에 앉으사 그 후에 자기 원수들을 자기 발 등상이 되게 하실 때까지 기다리시나니 그가 거룩하게 된 자들을 한 번의 제사로 영원히 온전하게 하셨느니라"라고 하였습니다. 하나님의 은혜와 하나님의 공의 사이의 긴장은 오직 그리스도로 말미암아 해소됩니다. 하나님의 의에 대한 요구가 예수님의 보혈로 완전히 만족되어 우리가 하나님의 은혜로 의롭다고 하심을 얻게 되었습니다. 모든 사람이 죄를 범하여 하나님의 영광에 이르지 못하였지만, 그리스도 예수 안에 있는 속량으로 말미암아 오래 참으신 하나님께서 자신의 공의를 성취함과 동시에 우리를 의롭다고 하시는 것입니다. 그리스도께서 나타내신 것은 "하나님의 방종"이 아니라 "하나님의 의"였습니다. 바로 그리스도로 말미암아 이루어진 의이므로 그리스도를 떠나서는 하나님의 은혜를 논할 수 없는 것입니다.

그렇다면 은혜로 말미암는 구원에서 '오직'이 첨가된 이유는 무엇일까요? 로마가톨릭교회의 교황주의를 대적하고, 우리 행위의 불완전함을 증거하고, 감사의 열매를 맺기 위해서입니다. 우리는 교황주의자들처럼 '믿음 때문에'가 아니라, '믿음으로 말미암아' 혹은 '믿음으로' 의롭다고 함을 인정받습니다. 우리의 행위가 결과로 이루어 낸 의로움이 아닙니다. 오직 은혜로 의롭다고 여겨지는 것입니다. 이는 자연스럽게 우리의 최고의 행위들조차도 하나님의 의와 영광에 이르지 못하기 때문입니다. 우리가 행하는 개별적인 선행 자체는 우리의 모든 죄악을 씻을 만큼의 의가 되지 못합니다. 그러니 칭의의 원인이 되지 못하는 것입니다. 우리의 행위는 우리의 공의가 되어 상급으로써의 영생을 부여하지 못합니다. 우리의 행위는 오직 구원받은 자로서의 감사의 열매에 지나지 않습니다. 참된 믿음이 그리스도의 공로를 우리 자신에게 적용하는 데 필수적인 도구요 수단적 원인이라면, 선행은 그리스도의 공로와 의를 향한 우리의 믿음 그 자체를 증명해 주는 것뿐만 아니라, 뭇 사람들에게는 하나님께 올려드리는 감사와 영광이 되기 때문입니다. 믿음은 그리스도의 의를 취하는 수단이라면, 선행은 우리의 믿음과 감사의 증거들로써 필수적입니다.

　그렇기에 오직 은혜만이 우리의 구원과 소망의 기초가 됩니다. 유대인들은 은혜를 하나님의 도움으로 생각했습니다. 그들은 하나님의 은혜의 절대적인 필요성을 부인하지 않았습니다. 하지만 그들이 말하는 은혜는 율법을 순종하여 하나님 앞에서 공의를 행하고 공로를 쌓기 위해서 필요한 도움에 지나지 않았습니다. 펌프를 계속해서 샘물을 얻기 위한 마중물에 지나지 않은 것입니다. 그들의 구원의 희망은 공로에 있었기 때문입니다.

　도르트 신경은 우리에게 오직 은혜를 가르치고 있습니다. 전적으로 타락한 인간은 오직 은혜로 말미암아 구원으로 부르심을 받습니다. 그 거부할 수 없는 은혜 혹은 유효한 부르심은 우리의 구원에 있어서 하나님의 주권적 은혜가 전적임을 강조하고 있습니다. 성령님으로 말미암아 전적으로 거듭나서 그리스도에게 참되게 회심한 자는 다시는 진노와 파멸의 자녀가 될 수 없습니다. 왜냐하면 성령님의 부르심을 받은 자는 하나님의 창세 전에 선택된 자들이기 때문입니다. 우리가 끝까지 신앙을 지키고 구원을 이룰 수 있는 것은, 놀랍게도 선택교리의 당연한 결과입니다. 우리가 참으로 믿으면 거룩함 가운데서의 견인이 확실케 됩니다. 우리는 전적으로 타락한 존재에 불과함을 인정하고, 우리 편에서 아무 공로도 영광도 없음을 겸허히 받아들일 때, 하나님께서는 예수 그리스도의 십자가를 통해 그의 영원한 속죄의 은혜로 우리를 부르십니다. 그 저항할 수 없는 은혜는 항상 효과적이며, 그 효과적인 은혜는 끝까지 우리로 그 신앙을 지키게 하고 하늘 소망 가운데 인내하게 하는 힘을 소유하게 합니다. 그 은혜가 우리에게 있습니다. 그 힘이 우리에게 있음을 믿기 바랍니다.

말씀을 맺겠습니다.

우리는 바울이 에베소 교회에 전한 말씀을 다시 상기할 수밖에 없습니다. 에베소서 2:8-9 말씀을 다시 읽고 외칠 수밖에 없습니다. "너희는 그 은혜에 의하여 믿음으로 말미암아 구원을 받았으니 이것은 너희에게서 난 것이 아니요 하나님의 선물이라 행위에서 난 것이 아니니 이는 누구든지 자랑하지 못하게 함이라." 오직 그리스도를 믿음으로 말미암아 의롭게 되는 오직 은혜입니다. 구원의 희망을 위한 유일한 근거라 말할 수 있는 이유가 여기에 있는 것입니다. 구원은 내가 노력한 결과 받게 되는 상이 아니라 그 어떠한 노력으로도 일궈낼 수 없는 존재인 우리가 그저 받게 되는 선물입니다. 구원은 오직 은혜로 말미암는 것입니다. 다시 오직 은혜를 외치는 여러분 되길 바랍니다. 아멘!

# 05

## 오직 하나님께 영광을 외치다!
## Soli Deo Gloria

이는 만물이 주에게서 나오고 주로 말미암고 주에게로 돌아감이라 그에게 영광이 세세에 있을지어다 아멘 _ 로마서 11:36

> | 주제 | 우리는 오직 하나님께만 영광을 돌려야 한다.
> 1. 하나님만 합당하다.
> 2. 하나님만 바라보자.

존 칼빈의 제네바 교리문답(1542)의 제1문답은 다음과 같습니다. "인간의 삶의 제일 된 목적이 무엇입니까?" 그 답은 "하나님을 아는 것입니다"입니다. 이 질문은 눈에 낯이 익습니다. 바로 웨스트민스터 대소요리문답의 제1문답에서 동일한 내용을 볼 수 있기 때문입니다. "사람의 제일 되는 목적이 무엇입니까? 사람의 제일 되는 목적은 하나님을 영화롭게 하고 하나님을 영원토록 즐거워하는 것입니다." 오직 하나님을 영화롭게 하는 것이 우리의 존재 목적임을 종교개혁자들도 외쳤습니다. 왜냐하면 오직 성경, 오직 그리스도, 오직 믿음, 오직 은혜의 내용을 종합하여 한마디로 정리하면 '오직 하나님께 영광'이기 때문입니다.

첫째, 하나님만 합당하다 입니다.

종교개혁 당시 로마가톨릭교회는 모든 영광이 하나님께 속한다는 생각에 대해 결코 논쟁을 벌이지 않았습니다. 그들은 표면적으로는 하나님의 영광을 추구하는 신앙과 삶을 가르쳤습니다. 하지만 오직 믿음과 오직 은혜에서 알 수 있듯이 로마가톨릭교회는 구원을 하나님의 주권적인 일이 아닌 사람의 일로 만들어 하나님의 영광을 지속적으로 훔쳤습니다. 모든 영광이 하나님께 있음을 고백하는 것과 실제로 모든 영광을 하나님께 돌리는 것은 별개의 문제입니다.

우리는 믿음으로 말미암아 구원을 받았습니다. 그것이 나의 행위 혹은 자랑일 수 없는 이유는 하나님의 은혜요 선물이기 때문입니다. 그렇다면 하나님께서는 왜 우리로 우리의 구원에 대해 자랑치 못하도록 하실까요? 왜냐하면 하나님께서는 자신의 영광을 다른 누구와도 공유하지 않기 때문입니다.

이사야 48:11 말씀에 "나는 나를 위하며 나를 위하여 이를 이룰 것이라 어찌 내 이름을 욕되게 하리요 내 영광을 다른 자에게 주지 아니하리라" 하셨습니다. 이사야 선지자는 하나님께서 자신의 영광을 다른 자에게 주지 아니하시는 이유로 하나님의 뜻에 두고 있습니다. 이스라엘 백성들은 하나님께 택함을 받았음에도 불구하고 영적 무지로 인해 수많은 시련 가운데 하나님의 뜻과 계획을 알지 못했습니다. 그들은 현재 바벨론 포로로 붙잡혀 있는 이유가 하나님의 구원 역사 가운데 되어 가는 일임을 알지 못했습니다.

그런데 궁금한 것이 있습니다. 만약 하나님께서 그의 택한 백성인 이스라엘을 영원한 심판 가운데 내버려 두신다면 어떠한 결과가 나타날까요? 바벨론은 이스라엘에 대한 자신들의 승리를 하나님에 대한 자기 신의 승리로 착각하고 선전할 것입니다. 그렇기에 하나님께서 이스라엘과 이방 가운데 이루실 새 일을 통해 구원을 베푸시고 다시 영광을 받으시고자 하는 것입니다. 최종적 승리와 계획의 성취는 오직 하나님으로 말미암는다는 것을 알려주시는 것입니다. 그러면서 하나님 스스로 자신을 "나는 처음이요 또 마지막이라"(사 48:12)라고 선포하시는 것입니다. 온 우주의 창조주이심과 동시에 흥망성쇠를 주관하시는 분이 바로 하나님이심을 나타내시는 것입니다.

그뿐 아니라 하나님은 이스라엘 백성에게 왜 그들을 구원하실 것인지 설명하실 때, 그들이 얼마나 죄가 크고 자격이 없는 존재인지를 상기시켜 주시고 덧붙이셨습니다. 우리가 은혜와 자비가 풍성하신 하나님 앞에서 합당한 존재여서가 아니라 하나님께서 그의 은혜와 자비를 우리에게 베푸셨기 때문에 합당하다 여김을 받는 것입니다. 전적으로 하나님으로 말미암은 것이기 때문에 하나님만이 영광 받으심이 의로운 일이 되는 것입니다. 오직 하나님만이 영광 받으시기에 합당하신 분임을 믿기 바랍니다.

둘째, 하나님만 바라보자 입니다.

종교개혁자들은 교황 중심 혹은 사람 중심적 교회에 반대하고 모든 초점을 하나님께로 돌렸습니다. 그리고 하나님 중심적 신앙과 생활로 개혁하였습니다. 그 결과 오직 하나님의 주권과 영광을 강조하였습니다. 하나님의 주권과 영광은 그의 창세 전 작정에서부터 시작됩니다. 그리고 그 작정 가운데 있는 우리는 하나님 나라 백성으로 선택받았고, 그리스도 안에서 그의 영광의 찬송이 되게 하셨습니다. 즉 우리는 진리의 말씀 곧 너희의 구원의 복음을 듣고 그 안에서 또한 믿어 약속의 성령님으로 인치심을 받아 그의 영광과 은혜를 찬송하게 되었습니다. 이로 인해 우리는 영광의 아버지이신 하나님을 알게 되는 것입니다. 그분을 영광스럽게 만드는 데 우리가 필요하거나, 우리가 그를 영광스럽게 해야 해서가 아닙니다. 이미 영광스러우신 하나님을 아는 것이 우리에게 찬송할 이유가 되는 것입니다. 이에 대해 시편 기자는 하늘이 하나님의 영광을 아름답게 노래하고 있음을 읊조렸습니다.

오직 하나님의 영광을 그리스도로 말미암아 우리에게 분명히 보였습니다. 죄인을 구원하기 위해 친히 사람의 몸을 입으신 그리스도를 통해서 하나님의 영광이 우리 앞에 드러났습니다. 그리고 그의 십자가를 통해 휘장이 찢어지고 우리가 영광의 하나님께 직접 나갈 수 있는 은혜를 누리게 되었습니다. 그를 통해 하나님께 영광을 돌리는 것은 모든 피조물이 보여야 하는 마땅한 행동입니다.

요한계시록 5:11-14 말씀에 "내가 또 보고 들으매 보좌와 생물들과 장로들을 둘러 선 많은 천사의 음성이 있으니 그 수가 만만이요 천천이라 큰 음성으로 이르되 죽임을 당하신 어린 양은 능력과 부와 지혜와 힘과 존귀와 영광과 찬송을 받으시기에 합당하도다 하더라 내가 또 들으니 하늘 위에와 땅 위에와 땅 아래와 바다 위에와 또 그 가운데 모든 피조물이 이르되 보좌에 앉으신 이와 어린 양에게 찬송과 존귀와 영광과 권능을 세세토록 돌릴지어다 하니 네 생물이 이르되 아멘 하고 장로들은 엎드려 경배하더라" 하였습니다. 그리스도로 말미암아 하나님의 영광은 가장 장엄하게 드러납니다. 하나님의 창조 가운데 나타난 영광은 그리스도의 구속 가운데 더 찬란하게 빛났고, 마지막 날에 가장 찬란한 영광으로 그의 나라와 함께 임하실 것입니다.

더 놀라운 것은 하나님께서는 자신을 영화롭게 하시기 위해서 우리를 그리스도 안에서 영화롭게 하셨다는 사실입니다. 성령님을 통해 그리스도 안에서 그 기업의 영광의 풍성함이 무엇인지 깨닫게 하사 소망 가운데 그의 영광을 추구하며 살게 하시는 것입니다. 오직 예수 그리스도의 인격 안에서 완전한 영광이 빛나고 있습니다. 바로 그 관점에서 바울은 우리의 소망을 논하고 있습니다.

사도 바울은 하나님의 영광을 바라보게 될 것이라는 흥분된 마음을 감추지 못하며 고린도후서 3:18에 고백하기를, "우리가 다 수건을 벗은 얼굴로 거울을 보는 것 같이 주의 영광을 보매 그와 같은 형상으로 변화하여 영광에서 영광에 이르니 곧 주의 영으로 말미암음이니라"라고 합니다. 또한 고린도후서 4:16-18 말씀에 "그러므로 우리가 낙심하지 아니하노니 우리의 겉사람은 낡아지나 우리의 속사람은 날로 새로워지도다 우리가 잠시 받는 환난의 경한 것이 지극히 크고 영원한 영광의 중한 것을 우리에게 이루게 함이니 우리가 주목하는 것은 보이는 것이 아니요 보이지 않는 것이니 보이는 것은 잠깐이요 보이지 않는 것은 영원함이라" 하였습니다.

우리는 오직 새 언약의 주되시는 그리스도 안에서 하나님을 바라보게 됩니다. 오직 그리스도와 오직 믿음과 오직 은혜로 말미암아 새 언약 가운데 살고 있는 그리스도인들은 마치 수건으로 얼굴을 가리고 율법을 읽고 붙들고 지키는 유대인들과 달리 수건을 벗은 얼굴로 그리스도의 십자가 복음 가운데 빛나는 영광을 바라봅니다. 주의 영광을 바라보는 성도는 그리스도 안에서 회복된 하나님의 형상으로 변하게 됩니다. 오직 그리스도로 말미암아 점점 더 영광스러운 존재로 변화되어 가는 것입니다. 그렇기에 그리스도인들이 누리게 될 영광은 우리 자신의 노력이나 업적의 결과가 아니라 전적인 하나님의 은혜인 것입니다. 우리로 인하여 하나님이 하나님으로 드러나고, 우리의 입술과 삶으로 하나님이 영광 받으시는 삶이 바로 우리의 존재 목적임을 늘 기억하길 바랍니다.

말씀을 맺겠습니다.

진정 우리가 하나님께 영광을 돌리는 삶은 오직 믿음으로 그리스도 안에 있는 구원의 선물을 겸손히 받아들이는 것이 유일한 길입니다. 오직 성경은 종교개혁의 형식적 원리이자 모든 신학의 기초였고, 오직 하나님께 영광은 모든 종교개혁 신학의 최종적 목적이 되었습니다. 그리고 이 둘 사이에서 다른 세 '오직'은 오직 그리스도를 향한 오직 믿음으로 구원함을 얻게 되며, 그 믿음조차도 오직 은혜임을 증거하고 있습니다.

성경은 오직 그리스도에 관한 이야기들로 가득 차 있습니다. 그 모든 이야기는 우리에게는 구원의 문제로 다가옵니다. 그 중심에 오직 그리스도가 있습니다. 그리고 오직 믿음과 오직 은혜가 동행합니다. 그 구원 계획과 우리의 믿음은 창세 전부터 시작된 하나님의 영원한 계획과 그의 주권적 은혜의 결과입니다. 삼위 하나님의 작정, 구속,

그리고 적용과 보증을 통해 우리는 오직 모든 영광이 하나님께만 있음을 고백하길 바랍니다. 힘껏 찬양하길 바랍니다. 오직 하나님께 영광을 돌리길 바랍니다. 다시 오직 하나님께 영광을 외치는 여러분 되길 바랍니다. 아멘!

# 참고문헌

Bavinck, Herman. "The Future of Calvinism." *The Presbyterian and Reformed Review* 17 (1894): 3-4.

Beeke, Joel R. *The Quest for Full Assurance: The Legacy of Calvin and His Successors*. Edinburgh: Banner of Truth, 1999.

Burnett, Amy Nelson, Campi, Emidio. *A Companion to the Swiss Reformation*. Leiden: Brill, 2016.

Byrne, Joseph P. *Encyclopedia of the Black Death*. Santa Barbara, CA: ABC-CLIO, 2012.

d'Aubigne, Jean Henri Merle. 『마틴 루터 1521-1522』. 남태현 역. 서울: e퍼플, 2020.

Fesko, John. *Beyond Calvin: Union with Christ andJustification in Early Modern Reformed Theology (1517-1700)*. Göttingen: Vandenhoeck & Ruprecht, 2012.

Forde, Gerhard O. *On Being a Theologian of the Cross: Reflections on Luther's Heidelberg Disputation, 1518*. Grand Rapids: W.B. Eerdmans, 1997.

Klooster, F. H. *Calvin's Doctrine of Predestination*. Grand Rapids, 1977.

Kuyper, Abraham. *Principles of Sacred Theology*. J. Hendrik de Vries. Grand Rapids: Baker, 1980.

Lindberg, Carter. *The European Reformations*. Chichester, UK: Wiley, 2011.

Luther, Martin. "Whether one may flee from a deadly plague." *Luther's Works*, Vol. 43. Minneapolis: Fortress Press, 1968.

Luther, Martin. *Fleeing Plague: Medieval Wisdom for a Modern Health Crisis*. Minneapolis: Fortress Press, 2023.

Luther, Martin. Luther: Letters of Spiritual Counsel, T. G. Tappert. Vancouver, BC: Regent College Publishing, 2003.

Lutheran World Federation, *Joint Declaration on the Doctrine of Justification.* Grand Rapids: W.B. Eerdmans Publishing Company, 2000.

Martin Brecht. *Martin Luther: His Road to Reformation, 1484-1521.* Philadelphia: Fortress, 1985.

McKim, Donald K. *Theological Turning Points: Major Issues in Christian Thought, Philadelphia:* Presbyterian Publishing Corporation, 1988.

Meeter, H. Henry. *Calvinism.* Grand Rapids: Zondervan Publishing House, 1939.

O'Connor, H. *Luther's Own Statements Concerning His Teaching and Its Results Taken Exclusively from the Earliest and Best Editions of Luther's German and Latin Works.* New York: Benziger Brothers, 1884.

Oberman, Heiko A. *Luther: Man Between God and the Devil. New Haven:* Yale University Press, 1982.

Packer, J. I. *Beyond the Battle for the Bible.* Westchester, IL: Cornerstone, 1980.

Partee, Charles. *Calvin and Classical Philosophy.* Leiden: Brill, 1977.

Pinnock, Clark H. "Limited Inerrancy: A Critical Approaisal and Constructive Alternative," in *God's Inerrant Word,* ed. John Warwick Montgomery. Minneapolis: Bethany, 1973.

Roland H. Bainton. *Here I Stand: A Life of Martin Luther.* Peabody, MA: Hendrickson, 1950.

Toon, Peter *The Emergence of Hyper-Calvinism in English Nonconformity 1689-1765.* Eugene: Wipf & Stock

Publishers, 2011.

Tozer, A. W. *The Knowledge of the Holy: The Attributes of God.* Cambridge: Lutterworth Press, 2022.

Van den Brink, Gijsbert., & Van der Kooi, C. *Christian Dogmatics.* Grand Rapids: Eerdmans, 2017.

Van Genderen, J. & Velema, W. H. *Concise Reformed Dogmatics.* trans. Gerrit Bilkes; ed. M. van der Maas. Phillipsburg, NJ: P&R, 2008.

Vandrunen, David. God's *Glory Alone: The Majestic Heart of Christian Faith and Life.* Wheaton: Crossway, 2015.

Wells, David F. *The Person of Christ.* Westchester: Crossway, 1984.

김병훈, "'바울신학의 새 관점들'의 '언약적 율법주의'에 대한 개혁신학의 비평," 기독교개혁신보, 2009.1.16.

김용주, 『칭의, 루터에게 묻다』. 서울: 좋은씨앗, 2017.

김태섭, 개역개정 로마서에 나타난 '오직'의 번역에 관한 고찰. 『성경원문연구』 49 (2021): 150.

낙스, 존 외 5인. *The Scottish Confession.* 1560.

노승수, "'바울의 새관점' 학파가 주장하는 '미래의 칭의'에 대한 비판적 소고," 기독교개혁신보, 2013.9.24.

도지원, 『도르트 신경: "오직 은혜로 구원"을 말하다』. 수원: 합동신학대학원출판부, 2019.

드 브레, 귀도. *Belgic Confession.* 1561.

레탐, 로버트. 『그리스도의 사역』. 황영철 역. 서울: IVP, 2000.

로제, 베른하르트. 『마틴 루터의 신학』, 정병식 역. 서울: 한국신학연구소, 2018.

리브스, 마이클. 『꺼지지 않는 불길』, 서울: 복있는 사람, 2015.

맥그래스, 알리스터. 『루터의 십자가 신학』, 정진오·최대역 공역. 서울: 컨콜디아사, 2001.

바빙크, 헤르만. 『개혁교의학』 3권. 박태현 역. 서울: 부흥과 개혁사, 2011.

박영실. "어거스틴 이전의 기독교 역사에서 칭의 교리의 소외에 관한 연구," 신학지남. 제83권 제4집, 제329호, 2016: 201-226.

벌코프, 루이스. 『조직신학』, 권수경, 이상원 역. 서울: 크리스챤다이제스트, 2000.

빌링스, 토드. 『그리스도와의 연합』. 김요한 역. 서울: CLC, 2014.

서철원. "이신칭의 교리 500년 (3)," 리폼드 뉴스, 2018.8.9.

슈라이너, 토마스. 『오직 믿음』. 박문재 역. 서울: 부흥과개혁사, 2017.

스프로울, R. C. 『모든 사람을 위한 신학』. 서울: 생명의말씀사, 2015.

스프로울, R. C. 『모든 사람을 위한 신학』. 조계광 역. 서울: 생명의말씀사, 2015.

아퀴나스, 토마스. 『신학대전』. 정의채 역. 서울: 바오로딸, 2000.

우르시누스, 자카리우스., & 올리비아누스, 카스파르. *Heidelberg Catechism*. 1564.

유해무, 김헌수, 정병길. 『오직 믿음으로: 루터의 믿음과 신학』. 서울: 성약, 2011.

이성호, 『종교개혁과 교회』 종교개혁자들과의 대화 vol 2, 서울: SFC출판부, 2016.

이승구. "'바울에 대한 새 관점' 무엇이 문제인가?". 기독교개혁신보, 2013.10.26.

칼빈, 존. *The Catechism of the Church of Geneva*. 1542.

트루만, 칼 R. 『루터의 유산』. 한동수 역. 서울: 기독교 문서 선교회, 2021.

한국천주교중앙협의회. 『가톨릭교회 교리서』. 서울: 한국천주교중앙협의회, 2008.

한국천주교중앙협의회. 『교회에 관한 교의 헌장』. 서울: 한국천주교주교회의, 2019.

호튼, 마이클. 『그리스도 없는 기독교』, 서울: 부흥과개혁사, 2009.

황대우. 『칼빈과 개혁주의』. 서울: 도서출판 깔뱅, 2010.